인생의 절반에서
행복의 길을 묻다

| 나를 돌아보는 길 위에서 만난 55가지 인생철학 |

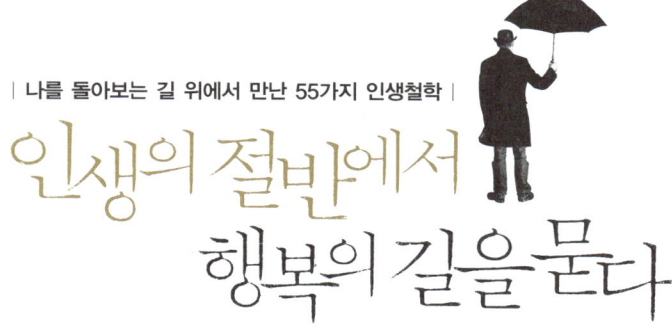

인생의 절반에서
행복의 길을 묻다

황상규 지음

평 단

참 바쁘다. 바쁘고도 고단하다. 길을 지나는 사람들의 종종걸음이
그렇고, 시장 입구 호떡집 사장님의 손놀림이 그렇고, 평범한 사람
들의 삶이 그렇다. 이 책은 이렇게 바쁜 일상을 살아가는 사람들에
게 소중한 비타민이 되어 줄 것이다.

철학자이자 저술가인 저자는 다양한 강연 활동을 통해 청소년들
에게 생각하는 힘을 길러 주고 있다. 개인적으로는 든든한 고교 후
배이기도 한 그를 자주 보지는 못하지만 오랜만에 그가 보내온 원
고를 읽으며 삶의 의미를 찬찬히 돌아볼 수 있었다.

저자의 글에는 담백하면서도 기품 있는 동양란의 정취가 물씬
풍긴다. 일견 화려해 보이나 생명력 짧은 성공처세술의 얄팍함이
아닌 담담하지만 한 장 한 장 넘기며 고거를 끄덕이게 하는 진솔함

이 담긴 글이다. 특히 나와 같이 공인의 길을 걸어가는 사람이라면 한번쯤 새겨 봐야 할 내용이다. 속도의 경쟁에서 잠시 벗어나 온전히 자신을 돌아보는 시간이 필요할 때, 곁에 두고 음미해 볼 만한 책이다. 감히 일독을 권한다.

— 민주통합당 상임고문, 정세균

사람이 태어나면 여덟 가지 고통을 겪는다고 한다. 태어나서生, 늙고老, 병들어病, 죽음에 이르는 고통死 이외에 사랑하는 사람과 헤어져야 하는 고통愛別離苦, 원망하고 증오하는 사람과 함께해야 하는 고통怨憎會苦, 원하는 대로 가지지 못하는 고통求不得苦, 온갖 욕심이 불길처럼 솟아올라 겪어야 하는 고통五陰盛苦이 그것이다.

PB(프라이빗뱅커) 센터장과 팀장으로 오랫동안 근무하면서 수십억 원의 자산을 보유하고도 구부득고求不得苦를 겪는 자산가를 많이 보았다. 반면, 가진 재산은 별로 없지만 매우 행복하게 사는 고객들도 수없이 봤다. 이 차이는 무엇일까? 바로 이 책에 답이 있다.

넉넉한 자산을 가지고 있는 분들에게 일독을 권한다. 이 책을 통해 부족한 부분을 채우고, 마음의 풍요를 얻을 수 있을 것이라 믿는다. 특히 많은 세상의 지혜를 앞서 터득해야 하는 사회의 리더들에게 유용할 것이다. 이 책에 삶의 기본 철학과 정신이 깃들어 있기 때문이다.

— 신한은행 반포래미안지점장, 前 신한은행 PB 강남센터장, 서춘수

이 책은 진정한 행복, 바른 인간관계, 냉철한 자기 발견, 일의 올바른 성취, 자만과 과신에 대한 옛 성현들의 생각을 현실적 관점에서 잘 정리한 것이다. 책을 통해 진정한 행복을 얻기 위한 자기계발의 방향을 어렵지 않게 발견할 수 있으리라 생각한다.

21세기는 뇌 과학을 기반으로 한 심리학의 시대라고 해도 과언이 아니다. 이제 우리는 쾌락과 진정한 행복의 차이를 구분할 수 있다. 진정한 행복은 몰입을 통한 성취에서 온다. 하지만 자본주의 사회는 인간이 진정 행복해질 수 있는 길을 막았는지도 모른다. 금전적 성취를 맹목적인 삶의 목표로 삼고 살아온 현대인들은 지금 많은 질병에 시달리고 있고, 부를 얻어도 더는 행복해지지 않으니 말이다. 이는 진정한 행복이 금전적 풍요가 아닌 긍정적 사고, 자기성취, 좋은 인간관계에서 나온다는 사실을 여실히 보여 주는 것이다. 오늘날 이러한 20세기의 잘못된 문화는 뇌 과학을 기반으로 한 심리학적 지식을 토대로 재구축되고 있다. 그런 의미에서 옛 철학자들의 시각도 뇌 과학을 기반으로 재조명될 필요가 있다고 생각한다.

이 책을 읽으면서 옛 성현들의 올바른 인간관계를 유지하기 위한 앞선 지혜에 탄복하게 된다. "어떻게 살 것인가?"에 대해 고민하는 독자라면, 뇌 과학책이나 심리학책을 여러 권 읽는 것보다 이 책 한 권을 읽는 편이 더 현명한 선택이 아닐까 생각한다.

－웅지 세무대학 교수, 이재민

이 책을 통해 철학만큼 인생의 지혜를 주는 것이 없다는 생각을 하게 되었다. 게다가 절박하고 질곡 많은 삶을 통해서 우러나오는 저자의 철학적 메시지는 진정 마음을 적셔 준다. 이 책은 기업 경영을 넘어 인생 경영이 무엇인지를 깊이 있게 통찰하도록 한다. 삶을 살아가는 데 있어 사회생활, 직장생활, 사업, 대인관계에 많은 도움이 되리라 생각한다.

－한국 시거스 대표, 최영배

이 책은 안정된 삶을 마다하고 거친 삶을 살며 체득한 살아 있는 지혜의 퍼즐 판이다. 동서양을 대표하는 철학자들의 현실 판단을 저자의 따스한 마음으로 어루만져 인생의 잠언들을 쏟아 냈다. 일곱 가지 주제로 엮은 이야기들은 소박한 여유와 진실한 행복을 느끼며 사는 법을 전해 준다. 몸을 위해 보약을 챙기듯 이 책은 약해진 마음을 다독이기 위해 꼭 필요한 약이 될 것이라고 확신한다.

－수원 매탄중학교 교감, 권오신

여러 일을 겪으며 참고 인내하는 동안 누구나 마음 한구석엔 응어리가 남기 마련이다. 이 응어리는 시간이 지남에 따라 사라지는 것이 아니라 자신에게 무한한 희생을 강요하며 점점 커져 결국에는 불협화음을 만들어 낸다. 이 책은 이런 상황에서 어떻게 해야 할지를 정확히 꼬집어 준다. 지금 처해 있는 현실을 멋지게 극복해 내고 싶다면 이 책은 큰 도움이 될 것이다.

－전북대학교 강사, 문수란

저자의 글을 통해 칸트와 니체가 얼마나 위대한지, 공자가 얼마나 사람을 사랑했는지를 알게 되었다. 또한 철학이 얼마나 삶에 도움을 주는 멋진 학문인지를 느끼게 되었다. 철학은 인생을 좀 더 풍요롭게 하고자 하는 이들에게 좋은 나침반이 되어 준다. 이 책은 살면서 부딪히는 수많은 문제를 해결해 주는 지혜로 가득 차 있다. 나는 진료실과 침실에 이 책을 놓아두고 반복해서 읽으려고 한다.

－치과의사, 조주온

철학책이지만 어렵지 않아 읽기 시작하니 처음부터 끝까지 부담 없이 읽게 된다. 오랜 경험과 철학이라는 자산을 바탕으로 삶을 꿰뚫는 저자의 통찰력은 불안정한 시대를 살고 있는 오늘날의 우리에게 올바른 삶에 대해 진지하게 생각해 보게 한다. 이 책을 통해 어떻게 사는 것이 현명한지, 그리고 어떻게 사는 것이 다른 사람에게 존경받을 수 있는지를 알게 될 것이다.

－약사, 성경미

인간은 누구나 행복하게 살기를 원한다. 그런데 문제는 행복이 '약속된 땅'이 아니라는 것이다. 세상은 그리 호락호락한 곳이 아니다. 가난과 질병, 사악한 의지와 권모술수, 살벌한 경쟁과 갈등, 투쟁, 고통과 권태, 불행과 절망이 맹공을 퍼붓는 곳이 바로 우리가 사는 사회이다. 이런 힘들고 고달픈 세상에서 행복이라는 것은 욕망의 극대화를 통해 얻어지는 것이 결코 아니다. 그것은 성취하기도 어렵거니와 그것을 성취하기 위해서는 많은 것을 희생해야 한다.

우리가 진정 행복하고자 한다면, 고통과 불행에서 벗어나 편안한 상태를 유지하고, 혹하는 마음에서 벗어나 작은 것에 만족할 줄 알아야 한다. 그런데 이런 행복조차 삶에 대한 열정 없이는 얻기 쉽지 않다.

물론 행복은 단순히 노력만으로 성취할 수 있는 것은 아니다. 가난과 질병, 생명과 재산을 송두리째 앗아가는 온갖 재난, 무한 경쟁을 유도한 자본주의 사회 구조, 목숨을 노리는 전쟁이 몰아치는 사회에서 대체 몇이나 행복할 수 있을까? 러셀은 《행복의 정복》에서 "행복의 일부는 환경에, 일부는 자기 자신에게 달렸다. 우리는 이 책에서 자기 자신에게 달려 있는 부분을 고찰할 뿐이다"라고 하였다. 우리 역시 러셀의 주장처럼 자기 자신에게 달려 있는 부분에 집중할 것이다. 비록 세상에는 어찌할 수 없는 불가항력적인 것들이 있다 하더라도, 그러한 것들조차 때로는 적절한 노력과 인내 그리고 불가항력에 대한 체념을 통해 극복하고 행복의 문으로 한발 다가설 수 있기 때문이다.

그럼 행복에 접근하기 위해 우리는 어떻게 해야 할까? 이 책은 바로 행복으로 접근할 수 있는 행복한 신념을 알려 주는 지침서이다. 복잡한 현실에서 어떻게 사는 것이 현명한지, 고달픈 현실에서 어떻게 하면 작은 행복이라도 얻을 수 있는지에 초점을 맞추고 있다.

이 책은 철학적이기는 하지만 성리학과 같은 거창한 철학 체계가 담겨 있지는 않다. "인간 연구를 시작했을 때, 나는 추상적인 학문이 인간에게 적합하지 않음을 알게 되었다"라고 파스칼이 고백한 것처럼, 거창한 철학 체계는 오히려 복잡한 삶을 단순화하고 왜곡하기 때문이다. 그래서 여기에서는 우리가 살면서 부딪히는 인생의 전반적인 문제를 관념적이고 추상적으로 접근하지 않고 현실적이고 구체적으로 접근하고자 노력하였다.

　물론 이 과정에서 동서양의 철학자들의 도움을 많이 받았다. 특히 동양에서는 공자와 맹자, 노자와 장자, 홍자성, 한비자의 도움을 많이 받았다. 또 서양에서는 아리스토텔레스, 아우렐리우스, 쇼펜하우어와 그가 칭찬한 그라시안, 러셀의 도움을 받았다. 이 중에서도 공자의 《논어》, 홍자성의 《채근담》, 그라시안의 《세상을 보는 지혜》 그리고 쇼펜하우어의 《인생론》이 이 책을 쓰는 데 큰 밑거름이 되었다. 또한 세상을 사는 지혜를 주는 《탈무드》, 《불경》은 물론 사마천, 간디, 데일 카네기, 벤저민 프랭클린 등의 사상이 많은 참고가 되었다.

　하지만 무엇보다도 안정적인 강단을 떠나 황야의 무법자처럼 거친 삶을 살아오는 과정에서 온몸으로 깨달았던 것을 철학적으로 정리하여 '세상을 사는 지혜'를 전달하고자 하였다. 여기서 말하는 '세상을 사는 지혜'는 성공이라는 작은 테마 같은 단순한 처세술이 아니다. 처세술을 넘어 인간학적으로 어떻게 사는 것이 현명한 것인지를 철학적으로 폭넓게 보여 주고자 한 것이다. 아무쪼록 이 책이 독자들에게 조금이나마 험난한 인생을 살아가는 데 도움이 되었으면 하는 바람이다.

저자 황상규

CONTENTS

제7부 세상을 지혜롭게 살아가는 길

제1부

행복으로 가는 길

많이 가진다고 해서 행복해지는 것은 아니다

군자는 중용에 따르지만, 소인은 중용에 어긋난 행동을 한다.
군자의 중용이라 함은 때에 알맞게 행동하는 것이다.
소인은 아무 때나 거리낌 없이 행동하기 때문에 중용에 어긋나는 것이다.
－《중용中庸》

우리는 생존과 자기 발전이라는 정신과 육체의 욕구를 채우기 위해 부단히 움직인다. 편안히 쉴 때조차 욕망은 좀처럼 가만히 있지를 못한다. 아무것도 하지 않는 정지 상태에서는 어떤 욕구도 만족될 수 없기 때문이다. 그래서 정지 상태를 잘 견디지 못하고 몹시 괴로워한다. 실업의 상태가 인간에게 불행인 이유도 여기에 있다.

아리스토텔레스는 "산다는 것은 활동이다"라고 하였다. 그런데 활동에는 반드시 질서가 있어야 한다. 질서가 없다면 욕망에 의한 활동이 과해져 불행해질 뿐만 아니라 타인까지 불행하게 만들 수 있기 때문이다. 하나를 먹으면 하나를 더 먹고 싶고, 하나를 가지면 하나를 더 가지고 싶은 것이 인간의 욕망이다. 문명이 발달할수록 욕망은 억제할 수 없을 정도로 커져 버려 우리는 점점 행복을 먼 곳에서 찾으려 한다. 집에서 먹는 정성이 담긴 반찬에 만족하지 않고 일류 레스토랑에서 달콤한 음식을 먹고 싶어 하고, 수수한 멋을 마다하고 화려한 명품을 찾으며, 소박한 집에서 사는 것을 불평하며 넓고 화려한 집에서 살기를 원한다.

과하면 화가 되는 것은 당연하다. 커져 가는 욕망에 몸을 맡기는 한 우리는 자신이 해야 할 도리를 저버리고 다른 사람의 행복을 침범하게 된다. 인간의 도리나 의무가 무너지면 질서가 사라져 모두 제멋대로 행동해 결국 사람이 사람을 두려워하는 사회가 된다. 순수해야 할 아이들조차 친구의 돈을 뺏고 괴롭히며 죽음으로 몰고 가는 현실은 우리 사회가 의무와 도리가 무너지고 정신적으로 황폐해졌음을 말해 준다.

안타까운 현실 앞에서 어떤 사람은 우리 모두 수도승처럼 금욕해야 한다고 말하기도 한다. 그러나 금욕은 생물학적 원칙에 벗어나는 행위이다. 좋은 음식을 지나치게 많이 먹어도 탈이 나지만 너무 먹지 않아도 건강에 좋지 않다. 석가모니가 금욕적인 생활을 포기한 것도 몸소 행한 금욕적인 생활이 건강을 악화시켰기 때문이

지나친 것과 부족한 것을 절충하는 중용의 덕을 가지고,
매 순간 중용을 지켜야 한다.
'너'와 '내'가 공존하고,
'인간'과 '자연'이 공존하는 삶 속에서
우리는 비로소 행복을 누릴 수 있다.

다. 건강을 위해서는 자신의 몸에 맞게 적당하게 음식을 섭취해야 한다. 그래서 몽테뉴는 "무절제는 쾌락의 독이 되지만, 절제는 쾌락의 화가 아니라 약이 된다"라고 하였다.

그렇다면 어떻게 해야 할까? 우리 모두 질서를 유지하기 위해 절제하고 근신하여야 한다. 인간의 활동을 만족하게 하려면 절제가 반드시 필요한데, 이 절제가 바로 옛 성현들이 강조한 '중용'이다. 진정한 행복을 원한다면 무엇보다 '중용'을 소중히 생각해야 한다.

공자 이래 성현들은 중용을 '지나친 것과 부족한 것을 절충하는 것'으로 정의했다. 또 한편으로는 욕망을 채울 것을 주장하면서, 때로는 자신과 타인을 위해 욕망을 적절하게 절제할 것을 권고했다. 그래야 나 자신도 편안한 삶을 살 수 있고, '너'와 '내'가 공존할 수 있으며 '인간'과 '자연'이 공존할 수 있다.

물론 중용의 덕이 늘 통하는 것은 아니다. 죽기 아니면 살기인 전쟁과 같은 극단적인 상황에서는 중용의 덕이 통할 리 없다. 하지만 이런 극단적인 상황을 제외하고는 늘 중용을 지켜야 행복의 문을 열 수 있다는 것은 분명한 사실이다.

아무리 지위가 높고 재능이 뛰어나도 중용의 덕을 통해 스스로 만족하지 않는다면 불행할 뿐 아니라 모두의 파멸을 초래할 수도 있다. 천하를 손에 얻으려는 욕망으로 전쟁을 일으켜 많은 사람을 죽음으로 몰아갔고 결국 자신도 유배지에서 쓸쓸히 죽어 간 나폴레옹이 그 단적인 예이다. 그래서 공자는 "진정 강한 것은 겉으로 드러난 용맹이 아니라 마음속으로 단호하게 참으며 정도를 걷는 것이다"라고 하였다.

그렇다면 중용의 덕을 지키려면 어떻게 해야 할까? 인격이 높아야 한다. 인격이 없는 재능은 자칫 호랑이에게 날개를 달아 주는 것과 같다. 인격이 모자란 사람들은 권세라는 날개를 이용하여 사람들의 고혈을 짜낸다. 중국 고대의 은나라 주왕은 막강한 권세를 이용하여 높은 누각을 짓고 깊은 연못을 만들어 민중의 피를 짜고 사람을 태워 죽이는 '포락형'이라는 잔인한 방법으로 백성을 도탄에 빠트렸다. 이처럼 인격이 없는 군주는 모두를, 아니 한 나라를 불행하게 한다.

그래서 인격은 지위보다 높아야 한다. 인격이 지위보다 훌륭하여 권세를 남용하지 않고, 다른 사람을 포용할 수 있어야 한다. 그렇게 해야 자기 자신이라는 작은 울타리를 박차고 나와, '너'와 '내'가 만나고 '인간'과 '자연'이 만나는 중간 지점인 '중용'에 도달할 수 있다.

중용에 도달할 때 비로소 지위도 더욱 빛나게 된다. 지혜로운 삶의 전도사 그라시안은 비록 세상이 의롭지 않다고 해도 모두를 위해서는 "숭고한 품성을 가진 사람이 되라"고 외친다.

O2
너와 내가 모두 행복할 수 있을까

자신에 관한 것 이외에 관심을 가지지 않는 사람은
칭찬할 만한 인간이 아니다.
남도 그를 칭찬할 만한 사람으로는 생각하지 않는다.

— 러셀Russell

중용의 삶을 살기 위해서는 먼저 자기 존중의 원칙과 타인 존중의 원칙에 충실해야 한다. 자기 존중의 원칙은 자기 보존과 발전을 위한 것이고, 타인 존중의 원칙은 사회를 유지하기 위한 것이다. 두 원칙의 조화야말로 모두 행복하게 살기 위한 첫째 조건이다.

자신의 삶을 유지하고 발전하게 하기 위한 자기 존중의 원칙은 자신에 대한 사랑에서 비롯된다. 이 원칙은 식욕, 성욕, 수면욕과 같은 생물학적 욕구뿐만 아니라 편안하고 안정된 삶을 바라면서도 자신의 재능을 최대한 발현하여 사회적 지위를 이루려는 정신적 욕구를 포함한다. 이 욕구는 분명 자신을 보전하고 발전하게 하는 원동력이지만, 지나치게 강해지면 자기 정당화와 이기심의 원인이 되기도 한다. 하지만 자신의 행복만을 존중하여 남을 불행하게 하거나 사회의 정의를 손상하면 대가를 치르기 마련이다. 이기심으로 부조리를 저지른 사람은 정의의 심판을 받거나 따돌림을 당하여 외로움과 처절하게 싸워야 하듯이 말이다. 그래서 욕구는 타인 존중의 원칙과 조화를 이루도록 하는 것이 무엇보다 중요하다.

타인 존중의 원칙에 따라 해야 할 도리나 의무를 이행해야 다른 사람과 더불어 사는 행복한 세상을 만들 수 있다. 공자나 칸트의 말처럼 '잘 사는 것'보다는 '바르게 사는 것'이 더 중요하다. 바르게 살지 않으면 서로의 행복한 삶이 보장되지 않는다.

타인 존중의 원칙은 사회 정의를 실현하여 모두가 함께 살 수 있도록 하는 토대가 된다. 이 원칙은 다른 사람으로부터 인정받고 사랑받으려는 사회적 욕구에서 비롯된다. 이것은 도덕적 양심과 의무를 실현하고자 하는 의지일 뿐만 아니라 다른 사람을 사랑하는 계기가 되기도 한다. 그래서 이 원칙에 따르다 보면 기쁨은 함께 나누어 배가 되고, 슬픔은 반으로 준다.

다른 사람을 외면하고 자기 존중의 원칙에만 충실한 사람은 누구와도 기쁨과 슬픔을 나눌 수 없어 외로움에 빠지게 된다. 그래서 공자는 "덕이 있는 자는 외롭지 않나니, 반드시 이웃이 있기 마련

우리는
자기가 사랑하는 사람의
행복을 바라야 한다.
그러나
우리 자신의 행복과
바꾸는 것이어서는 안 된다.

이다"라고 하였다.

물론 타인 존중의 원칙에만 충실한 것도 옳지 않다. 타인 존중의
원칙을 너무 중시하는 사람은 남을 위해 살면서 자신과 지인의 희
생을 불가피한 것으로 받아들이는 경향이 있다. 이러한 사람들은
지인이나 자신의 인생을 남의 인생으로 채워 자신과 주변 사람의
인생을 팍팍하고 허무하게 만든다. 자신의 인생은 결코 다른 사람
의 인생으로 채울 수 없다. 타인 존중의 원칙에만 충실한 사람은
자기 자신의 욕구에 충실하지 않기 때문에 행복한 삶을 살고 있다
고 보기 어렵다. 게다가 타인에게 쏟은 과도한 사랑은 상대방에게
심적 부담과 자괴감을 주기도 하며, 사람을 나약하게 하고 의존적
으로 만들기 때문에 오히려 사회 전체로 볼 때 건설적이지 못하다.

진정한 행복은 자기 자신에게는 물론 타인에게도 만족감을 주는
데서 온다. 그래서 우리는 자기 존중의 원칙과 타인 존중의 원칙
모두에 충실한 중용을 지켜야 한다. 그럴 때 남과 더불어 사는 행
복한 삶을 산다고 말할 수 있다. 러셀 역시 "확실히 우리는 자기가
사랑하는 사람의 행복을 바라야 한다. 그러나 우리 자신의 행복과
바꾸는 것이어서는 안 된다"라고 말하면서 행복은 타인과 자신의
조화에 있다고 강조했다.

03
인생은 경주가 아니다

우리는 행복과 쾌락에 대한 허망한 기대를 가득 안고 세상에 태어나지만,
이윽고 운명에 의해서 모든 계획이 허사가 되고,
터무니없는 재앙을 입고,
이 세상에서 자기 소유라고 할 만한 것은 하나도 없으며,
모든 것이 운명의 손에 달려 있다는 것을 깨닫게 된다.

– 쇼펜하우어Schopenhauer

중용을 유지하는 삶을 살기 위해서는 무엇보다 집착을 버려야 한다. 이는 불교의 가르침이기도 한데, 집착을 버리는 것은 중용을 실천하여 불행을 끊고 행복한 삶을 사는 중요한 조건 중 하나이다.

세상은 끊임없이 변화한다. 어제의 열렬한 사랑은 어느덧 증오로 바뀌고, 오늘의 눈부신 행복은 싸늘한 불행으로 바뀌며, 오늘의 사람은 가고 내일에는 또 다른 새 생명이 태어난다. 그러나 우리는 이런 사실을 망각하고 영원한 것에 도전한다. 절대 권력, 불멸의 명성, 영원한 사랑, 불변의 지식, 사라지지 않는 재물, 죽음이 없는 영원한 세상 등 영원불변의 것에 집착한다.

나아가 부처가 강조한 것처럼 우리는 '나'에 집착한다. '나'라는 것이 세상에서 유일하게 참되고 절대적이며 세상이 오직 자신을 위해 존재하고 있는 것인 양 착각한다. 하지만 '나'는 참되거나 영원한 존재가 아니다. 먼지 속의 아주 작은 분진처럼 이 세상에 잠시 머무르다 갈 뿐이다. 시간이 지나면 어디에서도 흔적을 찾아볼 수 없다. 공자는 흐르는 냇물을 보면서 "세상의 모든 것이 이처럼 흐르는 물과 같으니 밤낮 없이 잠시도 쉬지 않고 흘러가는구나"라고 말하면서 세월의 무상함을 탄식하였다.

자연은 누구에게도 영원함을 허용하지 않는다. 절대 권력과 불로불사에 도전했던 진시황의 꿈도 허무하게 끝을 맺었다. 그는 영원한 삶을 위해 불로초를 먹으며 자신의 꿈을 이루기 위해 백성을 혹사해 만리장성을 쌓고 아방궁을 건설하며 제국을 이룩하려고 했다. 죽어서조차 황제처럼 살려고 영원한 지하 무덤을 만들기까지 했다. 하지만 진시황의 이러한 광적인 집착에도 그의 절대 왕국은 그의 죽음과 함께 허무하게 무너지고 말았다. 우리는 진시황을 통해 한 사람의 광기 어린 집착이 자신뿐만 아니라 수많은 사람을 불행으로 몰고 간다는 것을 알 수 있다.

그럼 집착하지 않으려면 어떻게 해야 할까? 행복에 집착하지 말

아야 한다. 행복이 있으면 불행이 있고, 좋은 일이 있으면 나쁜 일
도 있게 마련이다. 그럼에도 우리는 불행을 싫어하고 행복하기만
을 바란다. 환영에 사로잡혀 언제나 신데렐라가 되기를 꿈꾸고, 비
록 지금은 행복하지 않지만 언젠가는 행복의 섬에 다다를 수 있을
거라고 믿는다.

하지만 무엇 하나 자신이 하고 싶은 대로 할 수 없는 게 현실이
다. 게다가 경쟁이 갈수록 치열해져 원하는 것을 성취해 행복을 얻
는다는 게 결코 쉽지 않다. 우리가 바라는 행복에 도달할 수 있는
순간은 그리 많지 않다. 세상이 자신의 뜻과 맞는 경우는 극히 짧
고 드물다. 불가능한 것을 가능한 것으로 바꾸려는 시도는 그 용기
는 가상하지만 때로는 무모하고 어리석은 일이다. 평생 한두 번 행
운이 찾아오기는 하겠지만 매일 신데렐라가 되는 것은 불가능하
다. 그래서 크나큰 행복을 기대할수록 무너져 버린 기대감으로 더
욱 큰 고통을 안게 된다. 지금 가지지 못한 행복을 얻으려고 발버
둥치는 것이야말로 불행을 자초하는 것이다.

행복을 멀리서 구하려고 하는 것은 바람직하지 못하다. 행복을
먼 곳에서 찾으려 하지 말고 자신의 주위에서 찾아야 한다. 자신이
가진 것과 자신의 가정에서 행복을 느끼지 못하고 밖에서 큰 행복
을 구하는 행동은 옳지 않다. 일시적 행복은 얻을 수 있겠지만, 오
히려 가정의 사랑과 평화를 깰 수 있고 결국 더 큰 것을 잃게 될 것
이다.

삶에는 행복만 있지도,
불행만 있지도 않다.
행복에 집착하지 않고
불행이 없는 일상을 감사하게 여기는
마음이 중요하다.
행복은 그렇게 만들어 가는 것이다.

평상시에는 불행이 없는 것이 곧 행복이라고 생각하고 큰 즐거움이 없어도 평상심을 유지하려고 노력해야 한다. 그것이 곧 중용에 도달하는 길인 동시에 마음의 평화를 가져와 '행복'이라는 강박관념에서 벗어나는 방법이다.

혹하는 마음과 집착을 버리면 마음의 동요가 적고 평상심을 유지할 수 있다. 혹하는 마음이 없기 때문에 분노가 치밀어 오르지 않고, 기쁨이 넘쳐흘러도 동요하지 않고 냉정함을 잃지 않으며 자신의 일을 묵묵히 수행해 나갈 수 있는 것이다. 진정 행복한 사람은 늘 이러한 마음의 평온을 간직하고 있는 사람이라 할 수 있다. 이들은 기쁨이나 슬픔도 일시적임을 알고 집착하지 않기 때문에 기쁘다고 흥청거리지 않고, 슬프다고 눈물짓지 않는다.

하지만 대부분은 기쁘면 광분하다가 불나방처럼 불구덩이에 빠지고 만다. 권력가는 권력에, 재력가는 돈에 집착하다가 망하지 않던가. 그러므로 우리는 진정한 행복에 도달하기 위해서 행복에 집착하지 말아야 한다.

또한 성공에도 집착하지 말아야 한다. 성공은 사회적인 큰 명성을 불러온다. 그래서 우리는 너나없이 성공 신화의 주역이 되고자 한다. 특히 남에게 지기 싫어하는 승부욕이 강한 사람은 한번 정한 목표를 절대 포기하지 않아 남보다 두각을 나타낸다.

그러나 우리가 갈망하는 성공에 도달하는 것은 생각보다 쉽지 않다는 사실도 알아야 한다. 성공하기 위해서는 때로는 불가능을 가능으로 바꾸어야 한다. 어렵사리 성공을 쟁취한다 해도 성공의 쾌락을 맛보는 순간은 극히 짧다. 영원히 성공을 지속할 수는 없기 때문이다. 성공을 이룬 사람은 다시 새로운 것에 도전해야 한다. 앞으로 나아가면 갈수록 더욱더 많은 일을 해야 한다. 이것이 바로 성공의 딜레마이다. 게다가 너 나 할 것 없이 모두들 성공 신화에 도전하고 있어 도전 자체가 무모하게 보이기도 한다. 그리고 지나친 승부욕은 인간관계를 파괴해 세상을 살벌하게 만든다.

마틴 루터 킹 목사도 "인생은 경주가 아니다. 누가 일등으로 들어오느냐로 성공을 따지는 경기가 아니다. 의미 있고 행복한 시간을 얼마나 보냈느냐가 바로 인생의 성공의 열쇠이다"라고 했다.

성공에 집착하다 보면 성공의 딜레마에 빠져 자신의 자유와 주체적인 삶을 포기할 수밖에 없는 지경에 이르게 된다. 사회적으로 성공하고도 불행한 삶을 사는 이유가 여기에 있다. 그래서 성공해야 한다는 강박 관념에서 벗어나 어떻게 살 것인지를 먼저 생각하고 그에 맞는 일을 찾아서 일 자체를 즐기도록 하는 편이 더욱 현명하다.

크게 실패하지 않고 별 탈 없이 지내도록 노력하는 것도 성공 못지않게 중요하다. 그르치지 않고 무난하게 사는 것도 다사다난한 세상에서 성공이라면 성공이다.

04
멈출 줄 알아야 한다

만족할 줄 알면 치욕을 당하지 않고,
멈출 줄 알면 위태롭지 않고 오래 지탱할 수 있다.
ㅡ노자 老子

행복하고자 한다면 너무 많은 것을 가지려고 해서는 안 된다.
많은 것을 소유하려 들수록 더 많이 가져야 한다는 강박 관념에 시
달리게 된다. 이런 강박 관념을 가진 사람은 탐욕스럽지만 마음이
빈곤하고 가난하다. 진정 가난한 사람은 돈이 없는 사람이 아니라,
평생 쓸 수도 없는 돈을 가지고도 늘 부족하다고 여기는 사람이다.
반면, 마음이 부유한 사람은 자신의 분수를 알며 자신에게 걸맞은
옷을 입고 그것에 만족하고 감사한다. 이런 사람들은 마음에 불만

이 없어 하루하루를 매우 즐겁게 지낸다.

철학자 디오게네스는 작은 통 속에 살았어도 행복했지만, 알렉산드로스는 지중해를 손에 넣고도 만족하지 못하고 세계를 정복하려다가 꿈을 이루지 못한 채 젊은 나이에 죽고 말았다. 작은 통 속에 산 디오게네스는 모든 것을 소유한 진정한 부자였고, 천하를 호령하는 황제였던 알렉산드로스는 항상 굶주림에 시달린 가난한 사람이었던 셈이다.

알렉산드로스는 전쟁터에서 자신을 구해 준 부하가 세상을 정복하려는 그의 야망에 반대하자, 불같이 화를 내며 그 자리에서 자신의 생명의 은인인 그 부하 장수를 창으로 찔러 죽이기까지 했다. 알렉산드로스는 "이익을 탐하면 반드시 많은 원망을 산다"는 공자의 가르침을 알지 못했던 것이다. 러셀 역시 알렉산드로스에 대해 다음과 같이 혹평했다.

"그는 자신의 꿈을 끝까지 실현할 수는 없었다. 왜냐하면 성공하면 할수록 그가 꾸는 꿈도 역시 커져 갔기 때문이다. 그는 자신이 위대한 정복자라는 사실이 뚜렷해졌을 때, 자신을 신으로 만들려고 하였다. 과연 그는 행복한 사람이었을까? 그가 늘 술에 취한 주정뱅이였고, 미친 듯이 노여워하는 흉포함과 여자에 대한 냉담함을 가졌으며, 자신을 절대 신성시하는 오만함을 가졌다는 사실들은 그가 행복하지 않았다는 것을 시사하고 있다."

인품이 훌륭한 사람은 재능을 발휘했다고 해서 재물이나 성욕,

명예나 권력에 집착하고 오만에 빠지지 않으며 중용의 도를 지키려 한다. 오히려 그들은 사람들의 마음을 어지럽히는 이러한 욕망과 싸우면서 자신의 분수를 지키기 위해 자신을 갈고닦는다. 반면, 인품이 좋지 못한 사람은 누구보다도 많은 것을 가지고도 더 많은 것을 가지려고 갈구한다. 그래서 아리스토텔레스는 "많은, 대부분의 비속한 사람은 선과 행복을 쾌락이라고 생각하는 듯이 보인다. 그들은 향락적인 생활을 좋아한다"라고 하였다.

그럼 탐욕스러운 인간이 되지 않기 위해서는 어떻게 해야 할까? 우선, 모든 것을 혼자서 독차지하려는 생각을 없애야 한다. 아무리 자신의 노력으로 얻었다 하더라도 남에게도 나누어 주는 아량을 가져야 한다. 좋은 결과를 얻는 데 자신이 공을 많이 세웠다고 해서 혼자 모든 것을 독차지한다면 결국에는 다른 사람의 원한을 사게 되어 재앙을 불러올 뿐이다. 처음에는 잘나갔던 항우가 결국에는 망하고 항우에게 연패한 유방이 최후의 승리자가 된 이유는 무엇인가? 항우는 전리품을 혼자서 챙겼지만 유방은 군사들에게 충분히 나누어 주었기 때문이다. 군사들은 항우의 용맹함에 반해 처음에는 항우의 군사가 되었지만, 항우의 야박함을 알고는 인심 후한 유방의 군사가 되어 결국 항우를 내친 것이다.

그리고 탐욕스러운 인간이 되지 않기 위해서는 매사에 만족을 바라거나 모든 것에 성공하기를 바라서는 안 된다. 원하는 모두를 얻기란 사실 불가능하다. 얻는 것이 있으면 잃는 것이 있기 마련이

마음이 부유한 사람은
자신의 분수를 알며
자신에게 걸맞은 옷을 입고
그것에 만족하고 감사한다.
마음이 부유한 사람은 불평이 없어
하루하루를 매우 즐겁게 지낸다.

다. 이익을 추구하다 보면 명예를 잃게 될 수도 있고, 명예를 추구하다 보면 이익을 챙길 수 없게 되는 것이 바로 세상의 이치이다. 그러므로 한 번에 많은 이익을 취하려 하지 말고 이익을 적게 취하면서 부자가 되려고 노력해야 한다. 그렇게 해야 주변의 따가운 눈총에서 벗어나 부러움과 존경의 대상이 될 수 있다.

또한 작은 이익에 눈먼 사람이 되지 말아야 한다. 태어날 때 싹이 튼 인간의 욕망은 성장하면서 점점 강해져 삶을 지배하는 경우가 허다하다. 탐욕스러워지면 자신이 가지고 있는 좋은 마음이 사라질 뿐만 아니라 바르게 살고자 하는 의지도 꺾이고 무력해져 더러운 욕망에 자신을 맡기게 된다. 이렇게 되면 아흔아홉 마리의 양을 가진 사람이 백 마리의 양을 채우기 위해 한 마리 양을 가진 사람의 양에 눈독을 들이는 것과 같이 욕심의 지배를 받게 된다.

이런 탐욕스러운 마음으로 눈앞의 작은 이익을 탐하면 오히려 큰 이익을 놓치고 만다. 작은 이익을 탐하다 보면 보잘것없는 작은 이익의 유혹도 떨쳐 내지 못하고, 또 눈앞의 작은 이익에 숨어 있는 위험을 감지하지 못하기 때문이다. 세상의 많은 비리는 작은 이익에서 비롯된다. 작은 이익을 탐하다 보면 범죄의 길로 들어서기 쉽다. 그러므로 행복을 위해서 무엇보다 탐욕을 억제해야 한다.

마지막으로 강조하는 점은 탐욕스러운 마음이 사치심과 손을 잡지 않도록 해야 한다는 것이다. 탐욕스러운 마음에 사치심이 합세하면 향락에 빠지고 결국 부정부패를 저질러 자멸의 길로 들어서게 된다. 심한 낭비와 방탕한 생활은 만족할 줄 모르고 신기루 같은 행복을 외부에서만 얻으려는 정신적 빈곤에 기인한다. 그러므로 온전한 삶을 살기 위해서는 사치를 멀리하고 근검절약하면서 스스로 만족하는 정신적 풍요로움을 얻어야 한다.

아무리 싼 물건일지라도 필요하지 않으면 쓸데없이 사지 말아야한다. 맛있는 음식만 즐기다 보면 쪼들리기 마련이다. 정직하게 일하여 얻은 것을 꼭 필요한 데에만 쓰는 사람이 진정한 부자이다. 그래서 프랭클린은 "옷을 뽐내길 좋아하는 것은 분명 저주다. 환상을 좇기 전에 지갑부터 살펴라"라고 말하였다.

O5
욕망에 나를 맡기지 마라

마음대로 노닐지 말고 다툼을 좋아하지 마라.
탐욕의 즐거움에 길들지 마라.
고요히 생각하고 거리낌 없이 놀지 않으면
큰 즐거움을 얻을 수 있다.
－《법구경法句經》

욕심을 줄이기 위해 무엇보다 먼저 자신을 다스려야 한다. 세상을 살면서 우리가 만나는 가장 큰 적은 다름 아닌 자기 자신이다. 인간의 욕망은 야수보다 다루기 어렵다. 욕망은 쉽게 만족할 줄 모를 뿐만 아니라 후퇴를 모르고 앞으로만 나아가는 불도저의 속성이 있기 때문이다. 그래서 욕망을 억제하는 것은 세찬 파도를 거슬러 올라가는 것처럼 힘들다.

조금이라도 자신을 다스리는 것을 게을리하면 우리는 욕망의 파도에 떠밀려 내려가고 만다. 사실 욕망을 거슬러 올라가는 것보다 떠밀려 내려가기가 훨씬 쉽다. 그래서 우리는 무의식적으로 욕망을 억제하기보다는 욕망이라는 거센 파도에 몸을 맡기고 만다. 하지만 그 순간부터 인자한 마음은 음탕하게 변하고 깨끗한 마음은 추하게 되는 것이다. 과도한 욕망에 몸을 맡기면 육체도 황폐해진다. 한순간의 정열은 우리 몸의 정기를 불살라 태워 버린다. 그래서 노자는 "화려한 색을 추구하면 눈이 멀고, 현란한 소리를 좋아하면 귀가 먹는다. 맛있는 음식을 즐기면 입이 상하고, 명품에 마음을 빼앗기면 행동은 경거망동해진다"라고 말하였다.

이뿐만이 아니다. 욕망에 자신을 맡기게 되면 애써 이룩한 공도 언젠가는 파괴되고 만다. 수많은 영웅이 피땀을 흘리며 건설한 제국도 얼마 가지 않아 모두 파괴되어 버리지 않았던가. 흥망성쇠는 참으로 무상한 것이다. 《삼국지연의》에서 "동녘으로 가는 물 위에 거품처럼 일어났다 사라지는 영웅들의 모습, 이름이 있고 없고 간에 모두가 허황되기 짝이 없다"라고 한 말은 이런 상황을 아주 잘 대변해 준다.

우리는 이런 세상의 이치를 깨닫고 자신을 잘 다스려야 한다. 자신의 야수 같은 욕망을 다스려 거친 음식에도 만족할 줄 알아야 한다. 20세기 성자로 추앙받는 간디도 "위대해지려면 항상 당신을 다스려라. 스스로 주인이 되기 위해서 버릴 것은 버려라"라고 말하였다.

거친 밥을 먹고 맹물을 마시고
팔을 구부려 베고 잘지라도
즐거움이 그 안에 있나니,
의롭지 않은 부귀와 영화는
뜬구름과 같다.

자신을 다스리기 위해서는 우선 절제하고 정제된 삶을 살아야한다. '소비가 미덕'이라고 하는 것은 끝없이 욕망을 부풀리는 자본주의의 논리일 뿐이다. 그런데 우리는 자기 자신과 가족을 위해 소비하는 것을 행복으로 안다. 우리는 시간적 여유가 생기면 생산적인 일을 하기보다는 순간적인 유희나 오락에 빠져 버린다. 하지만 그 대가는 매우 혹독하다. 그래서 시간적 여유는 오히려 커다란 대가를 불러온다. 슬프게도 우리는 한시도 돈에 대한 걱정에서 자유로울 수가 없다.

노자는 "장수하는 사람은 열에 셋이고, 단명하여 요절하는 사람도 열에 셋이고, 장수를 누릴 수 있는데 스스로 죽음에 뛰어든 사람도 열에 셋이다. 이것은 무슨 까닭인가? 너무나 귀하고 풍요롭게 즐긴 까닭이다"라고 하였다. 그러므로 풍족하진 않지만 넉넉하게 살기 위해서는 어린 시절부터 절제하는 습성을 익혀야 한다.

절제하는 생활을 하면 재물이 늘어나는 즐거움뿐만 아니라 스스로 만족하면서 일하는 즐거움을 누릴 수 있다. 공자는 "거친 밥을 먹고, 맹물을 마시며, 팔을 구부려 베고 잘지라도 즐거움이 그 안에 있나니, 의롭지 않은 부귀와 영화는 내게 뜬구름과 같다"라고 하였다. 스스로 만족하는 즐거움을 더 소중히 여긴다면 분명 향기로운 삶을 살 수 있을 것이다.

자신을 다스리기 위해 또 어떤 노력을 해야 할까? 마음의 평정을 유지하려 힘써야 한다. 무언가를 얻기 위해 지나치게 빠지지 않도록 해야 한다. 무엇이든 지나치면 화를 자초하기 마련이다. 물론 기쁠 때 기뻐해야 하고 슬플 때 슬퍼해야 한다. 하지만 아무리 자연스러운 감정도 과하면 해가 된다. 기쁨이 크면 큰 만큼 금세 허탈해지기 마련이고, 슬픔이 지나치면 절망을 낳아 목숨까지 위험해 질 수 있다. 좋은 음식도 적당히 먹으면 약이 되지만 많이 먹으면 비만과 병을 불러오듯이 말이다.

마음의 평정을 유지하기 위해서는 마음을 깨끗이 하려는 노력에 앞서 우선 들뜬 마음부터 없애야 한다. 마음이 들뜨는 순간 탐욕스러운 인간이 되기 쉽다. 만족을 모르는 탐욕은 불행을 자초하므로 마음이 들뜨게 해서는 안 된다. 들뜬 마음을 없애면 마음의 평화와 함께 즐거움이 찾아올 것이다.

그렇다고 평정을 유지하는 것이 단순히 침묵하고 가만히 있는 것을 말하는 건 아니다. 평정을 유지한다는 것은 욕망이 마음을 움직여도 그것에 장단을 맞추지 않고, 일에 열중하면서도 마음이 들뜨지 않고 여유 있게 행동하는 것을 말한다. 아무리 바쁘더라도 마음을 차분히 가라앉히면 평정을 유지할 수 있다.

참된 평정은 바쁘거나 한가한 가운데서도 외계에 흔들리지 않고 마음의 중심을 잡는 것이다. 영광스러운 자리에 올랐다고 하여 흥분하지 않으며 치욕을 당했다 하여 절망하지 않는 것이다. 이런 상태에 도달하면 스피노자처럼 내일 지구가 멸망하더라도 사과나무 한 그루를 심는 여유를 가질 수 있게 된다.

06
자연, 그 무엇과도 바꿀 수 없는 벗

사실 처음 나는 이 세상에 아무것도 가지고 태어나지 않았다.
살 만큼 살다가 이 지상의 적에서 사라져 갈 때도 빈손으로 갈 것이다.
－법정法頂

마음의 평정을 유지하기 위해서는 자연과 벗할 줄 알아야
한다. 그러면 집착에서 벗어나 평정이 유지될 수 있다. 우리는 돈
과 명예, 지위만이 즐거움의 원천이라고 생각한다. 그래서 모든 열
정을 돈과 명예를 얻는 데 바치려 한다.

그러나 이는 가진 것이 없는 편이 때로는 자유로움과 즐거움의
원천이 된다는 사실을 모르는 처사이다. '천석꾼은 천 가지 걱정,
만석꾼은 만 가지 걱정'을 할 수밖에 없다. 많은 것을 가지기 위해

서는 그만큼 노력해야 한다. 하지만 적게 소유하려 하면 번잡한 생활에서 벗어나 자연과 함께할 수 있게 된다.

자연은 정복의 대상이 아니다. 자연은 인간의 삶의 터전이며, 정신적 위안과 건강 그리고 세상을 살아가는 데 필요한 지혜를 주는 고마운 존재다. 자연은 우리에게 많은 것을 주면서, 욕심부리지 말것을 일깨운다. 빈손으로 왔다가 빈손으로 가기 마련인 세상사에서 많은 것을 가지려고 애쓰지 말라는 메시지를 전하고 있다.

하지만 우리는 이런 자연의 메시지를 무시하고 자신의 무한한 욕망을 위해 자연을 정복하고 마구 훼손하고 있다. 그 결과 지금 우리는 그 대가를 혹독히 치르고 있지 않은가. 최근 들어 끊임없이 발생하는 지진과 홍수로 수많은 사상자가 나고 많은 사람이 보금자리를 잃고 있다.

우리는 중용에 따라 '과하면 화가 된다'는 자연의 이치를 알고, 법정 스님의 '무소유'의 즐거움을 깨달아야 한다. 불필요하게 많은 것을 가져 번거롭게 살기보다는 군살을 뺀 것처럼 적게 소유하여 자신의 몸을 가볍게 해야 한다. 그렇게 해야만이 우리는 가난을 근심하기보다는 자연과 벗하며 장자처럼 유유자적하는 즐거움을 얻을 수 있을 것이다.

또한 자연의 섭리에 따라 살아 가면, 한계 상황에서 오는 고통에서 벗어날 수 있게 된다. 세상에는 인간의 능력으로 극복할 수 없는 것이 있다. 가난은 극복할 수 있지만, 죽거나 늙는 것은 인간의

자연의 섭리에 따라 살아 가면
한계 상황에서 오는
고통으로부터
벗어날 수 있게 된다.

힘으로 극복할 수 없다. 하지만 우리는 인간의 힘으로 어쩌지 못하는 것을 슬퍼하며 연연해 한다. 특히 가진 것이 많은 사람은 죽음으로 모든 것을 잃게 된다고 생각하기 때문에 더욱 불행한 것이다. 그러나 반대로 생각해야 한다. 죽음은 오히려 소유함으로 인해 얻은 골치 아픈 문제들로부터 우리를 벗어나게 해 주지 않는가.

또한 죽음은 삶이 소중하다는 사실을 깨닫게 해 준다. 죽음이 있기 때문에 삶이 소중한 것이다. 만일 죽음이 없다면 하루하루가 소중하기보다는 지긋지긋하고 권태로울 것이다. 죽음은 바로 이런 권태로움에서 벗어나 영원한 휴식을 취하게 하는 안식처와도 같은 것이다. 죽음을 평안하게 맞이하는 것은 자신의 인생을 소중하게 생각하며 최선을 다해 산 사람들에게 주어지는 특권이다.

우리가 자연의 섭리에 따라 살아간다면 죽음에 초연해질 수 있다. 로마 황제 아우렐리우스도 변화는 자연의 속성이라 말하면서 "마치 천년이나 만년이라도 살 것처럼 행동하지 말라"고 충고하였다.

그런데 어떤 사람은 '죽음을 초탈하라'는 것을 '세속을 초탈하라'고 착각하여 기인 행세를 하고 다닌다. 그러나 죽음을 초탈하는 것과 기인이 되는 것은 전혀 다른 얘기다. 기인 행세를 하는 것은 세상을 초탈한 것이 아니라 그냥 괴짜에 불과할 따름이다. 세속과의 인연을 끊으려는 사람을 자연의 섭리에 따라 살아가려 노력한다고 보기 어렵다. 그런 사람들은 자연인이 아니라 그저 인생의 패배자나 인간의 사회성을 망각한 괴짜일 뿐이다.

07
칸트의 '목적의 왕국'을 건설하자

남에게는 관대하고 자신에게는 엄격해야 한다.

－공자孔子

세상이 비록 이해관계로 얽혀 있다 해도 너무 이익에 민감해서는 안 된다. 이익에 민감한 사람들은 이익을 얻는다고 생각되면 앞으로 나아가지만, 손해를 입을지도 모른다고 느끼면 뒤로 물러나려 하고, 함께 공을 세웠으면서도 홀로 공적을 챙기려 한다. 그래서 이익만을 지나치게 좇다 보면 타인의 권리를 침해하여 원망을 듣게 된다. 모두가 함께 잘 살기 위해서라도 이해관계를 따지기에 앞서 도리를 잘 지키는 것이 중요하다.

타인 존중의 원칙에 따라 인간으로서 마땅히 해야 할 도리가 있다. 생계를 꾸려 나가기 어렵다고 해서 어린 자식을 내다 버릴 수 없는 것처럼 마땅히 해야 할 일들이 세상에는 수없이 많다. 인간의 도리를 지키는 데 있어 절대 이익을 따져서는 안 된다.

작은 약속을 지키는 것 또한 인간의 기본적인 도리임에도 우리는 점점 이익을 앞세우며 이런 사소한 것조차 제대로 지키지 않고 있다. 이익을 앞세워 도리를 저버리면 사람들로부터 비난을 받는 것은 물론이고, 불명예를 안게 된다. 그래서 칸트는 "나 자신의 인격과 다른 사람의 인격에 대해 인간성을 언제나 동시에 목적으로 대하고, 결코 수단으로 대하지 않도록 행동하라"고 하였다. 그리고 이러한 요구에 부응하는 인간의 관계가 성립하는 나라를 '목적의 왕국'이라고 불렀다.

인간의 도리를 지키지 않는 것은 작게는 개인에게 화를 가져다주고 나아가 인류에게 불행을 초래한다. 특히 뛰어난 지성을 소유한 자가 사악한 의지를 갖게 되면 상상도 하지 못할 불행이 초래된다. 수많은 사람을 죽음으로 몰고 간 히틀러가 대표적인 예다.

덕이 없는 지식은 조잡하고 사악하다. 지식이 덕을 갖출 때 비로소 그 지식은 참다운 의미를 가진다. 미국이 히로시마에 원자폭탄을 투하했을 때 아인슈타인을 비롯한 많은 과학자는 우아함을 상실한 과학이 얼마나 위험한 것인지를 깨달았다. 청나라를 부흥하게 한 강희제는 불행한 사태를 미연에 방지하기 위해 인재를 발탁

할 때면 능력보다 도덕성을 더 중요시하였다.

하지만 아이러니하게도 언제나 착한 사람이 잘 살고 악한 사람이 불행하게 사는 것은 아니다. 오히려 착한 사람이 못 살고 악한 사람이 잘 사는 경우가 허다하다. 역사가인 사마천은 "역사를 돌아보며 양심을 지킨 백이숙제는 굶어 죽었지만, 도둑질을 천직으로 한 도척이 천수를 누리고 살았다"며 통탄하였다. 이런 부조리가 비일비재하여서 사람들은 즐길 수 있는 일에는 너 나 없이 달려들고, 이익이 되지 않으면 자신이 해야 할 일도 피하려고 한다. 겉으로는 정의를 찬양하면서도 자신의 안녕을 위해 정의를 저버리고 부조리한 일을 저지르면서 그럴듯한 말로 자신의 행동을 교묘히 정당화한다.

그렇지만 어떤 상황에서도 정의로운 사람은 불합리한 권력에 굴복하지 않고 자신의 이익 때문에 부조리와 타협하지 않는다. 거시적인 안목으로 모두를 위하는 결정을 한다. 그래서 진정한 자유란 원하는 것을 하는 것이 아니라, 하기 싫지만 의무이자 도리인 것을 자신의 의지로 하는 것이라고 말한다.

정의로운 사람은 이익을 탐하는 사람들로부터 쉽게 배신을 당한다. 그렇지만 올곧은 사람은 '목적의 왕국'을 건설하기 위해 자신의 확고한 신념을 포기하지 않는다. 아르헨티나의 영부인인 에바 페론은 화려한 연예인 생활을 접으면서 춥고 가난한 국민을 향해 다음과 같이 외쳤다.

"나는 다른 사람의 꿈이 실현되는 것을 지켜보기 위해 내 꿈을 접었습니다. 내 영혼을 내 민족을 위해 기꺼이 바칠 것입니다."

또한 올곧은 사람은 모두를 위해 자신이 마땅히 해야 할 일을 했다고 당연한 일로 받아들이며 우쭐해 하지도 않는다. 이런 사람은 부모가 자식을 사랑하고 자식이 부모를 사랑하는 것은 인간이라면 누구나 마땅히 지켜야 할 도리라고 생각한다. 올곧은 사람은 마땅히 해야 할 도리를 해 놓고 은혜를 베풀었다고 생각하지 않는다. 올곧은 사람은 자신의 행복을 위해서가 아니라 모두의 행복을 위해 양심에 따라 행동한다. 철학자 칸트는 올곧은 사람이 되기 위해 항상 '양심의 소리'에 귀를 기울여야 한다고 다음과 같이 말했다.

"생각할수록 더욱 경외심에 가득 차 바라보게 되는 것이 있다. 그것은 내 머리 위에서 반짝이는 별과 내 안에 있는 도덕률이다."

그럼 칸트가 말한 '목적의 왕국'을 건설하기 위해서는 어떻게 해야 할까? 최대한 경쟁을 피하고 상생의 길을 가도록 해야 한다. 이것은 자신을 보전하면서 동시에 타인 존중의 원칙을 실현하는 방법이다. 경쟁은 자신의 영역 확보가 본능인 동물이나 인간에게 숙명과도 같다. 그래서 피하려 해도 피할 수 없다. 그렇지만 지나친 경쟁은 서로의 생명을 위협한다. 경쟁이 심해지면 욕설이 난무하고 악취가 풍긴다.

그런데 불행히도 세계화의 물결을 타고 경쟁은 점점 심해지고 우리는 혼자서만 살 수 없다.
인간의 토대인 자연도 있어야 하고,
다른 사람의 손길도 필요하다.
자연과 다른 사람에 대한 배려는
결국 나 자신을 위한 것이다.

있다. 이런 상황에서 과다 경쟁을 피하는 방법은 오직 상생의 길로 나아가는 것이다. 경쟁을 하면 자기 존중의 원칙에만 따라 타인의 권리를 침해할 가능성이 높지만, 상생하면 타인 존중의 원칙도 따르기 때문에 타인의 권리를 침해할 가능성이 적다. 그러므로 서로를 위하는 사회를 이루기 위해서는 과도한 경쟁을 줄이고 상생의 길을 가도록 힘써야 한다.

상생의 길로 가기 위해서는 상대방을 배려해야 한다. 욕망은 생존을 위한 조건이지만 그렇다고 이기적이어서는 안 된다. 한비자는 "이로운 것은 가까이하고 해로운 것은 피하는 것이 인간 본성 중의 하나이다"라고 말하였다. 하지만 이기심은 인간의 사회성을 무시하고 다른 사람에게 피해를 주는 원흉이다. 덕이 없으면 인간은 사악한 욕망에 휩쓸려 세상을 어지럽게 한다. 덕행이 부족한 사람은 쉽게 남을 배신하며 자기 이익을 위해 나쁜 짓도 서슴지 않는다. 그래서 덕이 없는 사람은 화려하게 피었다가 지는 꽃처럼 한때 번창하더라도 결국 몰락의 길을 걷게 된다.

따라서 우리는 이기심을 버리고, 그 자리에 덕이 우뚝 서도록 노력해야 한다. 덕은 상대방을 배려하는 마음에서 생긴다. 세상은 나 혼자만 사는 곳이 아니다. 인간의 토대인 자연도 있어야 하고 다른 사람의 손길도 반드시 필요하다. 그러므로 나만 생각하지 말아야 하며 자연과 다른 사람을 배려할 줄 알아야 한다.

특히 능력 있는 사람이나 강한 사람이 능력이 부족하고 약한 사람을 존중해 준다면 가장 이상적이다. 그래야 진정한 상생이 가능하며 살기 좋은 사회가 실현된다. 배려하는 마음이야말로 너와 내가 같아지고 융합하여 서로가 공존할 수 있는 토대이며 세상을 평온하고 안락하게 하는 방법이다. 그래서 공자는 "어진 자는 자신이 서고 싶으면 남을 세우고, 자기가 이루고 싶으면 남을 이루게 한다"라고 말하며, "자기가 하기 싫은 일은 남에게 베풀지 말라"고 가르쳤다.

복지가 도덕적 의무인 이유가 여기에 있다. 성장과 발전의 논리는 대개 부의 축적을 통해 능력 있는 사람이 더 많은 것을 가지는 것을 옹호한다. 반면, 복지는 향상과 발전이 이룬 축적물을 함께 나누는 제도적 장치다. 이런 장치가 없으면 헐벗고 굶주리는 사람에게 세상은 험난한 곳이 될 수밖에 없다. 마르크스가 "능력에 따라 일하고 필요에 따라 분배하라"고 말한 것도 지나친 부의 편중을 막기 위해서다. 능력이 있다 해도 필요 이상으로 많은 것을 독차지하지 않는다면 모두가 조화를 이루며 행복하게 살 수 있다. 타인 존중의 원칙에 따라 춥고 배고픈 사람에게 삶의 터전을 제공하는 것이 가진 자가 가져야 할 최소한의 도덕적 양심이라는 사실을 잊지 말아야 한다.

이상적인 사회를 이루기 위해서는 때로는 자신의 이익을 앞세우지 말고 남에게 양보할 줄 알아야 한다. 남에게 양보하는 것은 자신이 앞으로 나아가기 위한 바탕이 되며, 남을 이롭게 하는 것은 자신을 이롭게 하는 바탕이 된다. 나아가 타인의 기쁨을 자신의 기쁨으로 여길 줄 알고 항상 남에게 도움을 주고자 한다면, 틀림없이 멋진 인생을 살 수 있다.

o8

실천하지 않으면 무슨 소용인가

한 마리의 제비나 단 하루의 '화창한 날'이
봄을 오게 할 수 없듯이
하루나 한순간이
우리에게 은총이나 행복을 가져다주지 못한다.

— 아리스토텔레스Aristoteles

행복을 쟁취하고자 한다면 실천하는 사람이 되어야 한다. 사물이 보이는 모습으로 평가받듯이 인간도 행동으로 평가받기 때문이다. 내면의 완전함을 가장 잘 보여 주는 것은 다름 아닌 훌륭한 행동이다. 그러므로 모든 것은 행동으로 보여 주어야 한다.

그런데 많이 안다고 해서 실천하는 것은 아니다. 소크라테스가 알면 행한다고 했지만 사실 아는 것과 행하는 것에는 차이가 있다. 아리스토텔레스가 주장한 것처럼 실천하고자 하는 의지가 없다면 생각만으로는 아무것도 할 수 없다. 그래서 의지를 가지고 실천하려고 노력해야 한다.

아무리 많이 알고 있어도 실천하지 않으면 소용이 없다. 아는 것을 실천했을 때 비로소 열매를 맺을 수 있다. 생각이 깊은 사람들이 말을 앞세우지 않는 것도 실천하지 못하게 될 경우를 염려하기 때문이다. 말을 했으면 과감히 실천해야 한다. 한 발 더 나아가 공자는 "군자는 말에 앞서 먼저 행하고, 행한 연후에 말한다"라고 말하면서 행동이 말보다 앞서야 함을 강조하였다.

체 게바라가 위대한 이유는 "물레방아를 향해 질주하는 돈키호테처럼 절대 녹슬지 않는 창을 가슴에 지닌 채 자유를 얻는 그날까지 앞으로만 달려갈 것이다"라는 자신의 말을 몸소 실천했기 때문이다. 간디가 영국을 두려움에 떨게 한 힘은 조용한 서재에서 한 말이나 쓴 글이 아니라 바로 행동이었다.

실천에 나서기 위해서는 나태함을 물리치는 강력한 의지와 소심함을 극복하는 큰 용기가 있어야 한다. 하지만 무엇보다 중요한 요소는 지혜이다. 의지와 용기만 가지고 올바로 실천하기란 쉽지 않다. 아는 것을 정확하게 실천하려면 아는 것을 현실에 적용하는 길을 모색하는 지혜가 있어야 한다. 지혜가 부족하여 현실을 고려할 줄 모른다면 의지와 용기라는 쌍두마차를 올바로 인도할 수 없다.

지혜는 단지 책을 읽는다고 해서 얻어지지는 않는다. 실천을 통해 터득해야 한다. 이를 통해 여러 시행착오를 거쳐 관념이 제시하

아무리 많이 알고 있어도
실천하지 않으면 소용이 없다.
아는 것을 실천했을 때
비로소 열매를 맺을 수 있다.

는 길을 현실에 맞게 재구성하는 지혜를 쌓을 수 있다. 그리고 지혜를 갖췄을 때 비로소 성공할 수 있다. 한비자는 "올바로 실천하기 위해서는 현실에 충실하고 책에 얽매이지 말아야 한다"라고 하였다.

늘 실천하여 인생을 마감할 때 축복받는 사람이 되어야 한다. 인생을 마감할 때 받는 축복이야말로 중용을 실천한 사람만이 누릴 수 있는 특권이다. 사람들은 갓 태어난 아이에게 축복을 보내지만 아이가 커서 어떻게 될지는 아무도 모른다. 그래서 《탈무드》에서는 "진정한 축복은 태어날 때가 아니라 죽음이란 영원한 잠에 들어갈 때 보내야 한다"고 했다. 그 사람이 험난한 인생을 어떻게 헤쳐 왔는지 알고 나서 축복해야 한다는 것이다.

태어날 때 축복받는 것은 무의미하다. 떠날 때 진정 축복받는 사람이 훌륭한 사람이다.

제2부

지혜를 얻는 길

O1
행복의 길로 향하는 나침반을 가졌는가

사고는 인간의 위대성을 나타낸다.
인간은 자연 속에서 가장 약한 갈대에 지나지 않는다.
인간을 죽이기 위해 우주로 무장할 필요도 없다.
한 줄기의 증기나 한 방울의 물을 가지고도 충분히 죽일 수 있다.
하지만 우주가 인간을 죽이는 경우에도 인간이 우주보다 더 위대하다.
인간은 우주가 자신보다 강하다는 것을 알고 있지만 우주는 그것을 알지 못하기 때문이다.
그러므로 인간의 존엄성은 사고에 있다. 그것으로 우리는 자기를 높여야 한다.

– 파스칼Pascal

사람은 아는 만큼 행복할 수 있다. 반면, 모르는 만큼 불행
해진다. 그래서 지혜는 모든 행동의 전제 조건이다. 지혜롭지 않으
면 일생을 흐리멍덩하게 보내거나 제멋대로 행동하여 아무것도 이
루지 못한다. 그래서 공자는 "사랑하기를 좋아하면서 배우기를 싫
어하면 우매해지고, 영리하되 배우기를 싫어하면 방탕해지고, 신
의를 좋아하면서 배우기를 싫어하면 남을 해치게 되며, 정직을 좋
아하면서 배우기를 싫어하면 각박해지고, 용기를 좋아하면서 배우

기를 싫어하면 난폭해지며, 강직함을 좋아하면서 배우기를 싫어하면 경거망동하기 쉽다"라고 말하면서 인생을 헛되이 보내지 않기 위해 "아침에 도를 깨달으면 저녁에 죽더라도 여한이 없다"고 말하였다.

인간은 아는 만큼 행하기 때문에, 공자의 주장처럼 무언가를 이루기 위해서는 아는 데 힘써야 한다. 지혜롭지 않으면 무모하게 모든 것을 투자하여 한순간에 가진 것을 날리기도 하고, 탐욕스럽게 온갖 향락을 좇다 몰락하기도 한다. 문제는 지혜롭지 않다면 이러한 결과를 초래하면서도 자신의 무모함과 탐욕이 원인이라는 사실을 모른다는 것이다.

그래서 평상시 인생을 살아가는 데 필요한 지혜를 쌓아 중용의 덕이 무엇인지를 근원적으로 파헤쳐야 한다. 진리나 진실은 깊은 곳에 있어 쉽게 찾을 수 없다. 그래서 자신만의 동굴에서 깊은 곳을 주시하지 않으면 참다운 진리를 깨달을 수 없을 뿐 아니라 다른 사람의 진실도 알 수 없다. 우리는 바른길로 가기 위해서라도 깊은 곳을 꿰뚫어 볼 수 있는 참다운 눈을 가져야 한다. 이런 눈이 없다면 삶의 장애물이 나타났을 때 어떻게 할지 몰라 불행의 나락으로 떨어지고 말 것이다.

지혜가 없다면 선택해야 할 것을 버리고 선택하지 말아야 할 것을 선택하는 우를 범하게 된다. 그래서 그라시안은 "지혜가 없는 인간은 어둠의 세계에 사는 것과 같다"라고 하였다.

이런 어둠에서 빠져나오기 위해서는 세상을 올바로 볼 수 있는 통찰력과 분별력을 길러야 한다. 통찰력을 통해 사물의 본질을 파악하고, 분별력을 통해 무엇이 옳은지 그른지를 파악해야 한다. 이두 가지는 말하고 행동하는 데 반드시 뒷받침되어야 하는 쌍두마차이다. 통찰력과 분별력이 없다면 우리는 행복의 문에 도달할 수 없다.

통찰력은 사물의 본질을 파악하는 데 매우 중요한 역할을 한다. 우리는 통찰력으로 문제의 핵심을 짚어 낼 수 있다. 통찰력은 번잡하고 복잡한 상황에서 지금 이 순간 가장 중요한 임무가 무엇인지를 파악하여 과업을 성공적으로 수행하게 한다. 헤겔이 나폴레옹이 행군하는 모습을 보고 "시대정신이 지나간다"고 말한 것도 영웅은 일반 사람과는 달리 통찰력을 통해 그 시대의 본질을 꿰뚫어 본다고 생각했기 때문이다. 그래서 통찰력을 기르는 것은 무엇보다 중요하다.

분별력 또한 일을 훌륭히 수행하는 데 있어 없어서는 안 될 아주 중요한 힘이다. 분별력이 없으면 무엇이 중요하고 긴급한지를 알지 못해 다가온 기회를 놓치고 나서 뒤늦게 후회를 하게 된다.

그뿐만 아니라 분별력이 없는 사람은 다른 사람에게 쉽게 속임을 당한다. 남을 해치려는 마음을 가져서도 안 되겠지만, 남에게 속는 것 또한 어리석다. 세상에는 악의를 품은 자가 도처에 존재한다. 그러므로 다른 사람을 전적으로 믿어서도 안 된다. 우리는 분

우리는 아는 만큼 행복할 수 있다.
지혜를 가지는 것은
행복으로 가는 길에서
소중한 나침반을 얻는 것과 같다.

별력을 통해 상대방이 어떤 의도를 가졌는지를 간파할 수 있어야 한다.

또한 분별력을 길러 자신의 분수를 알고 그에 맞게 처신해야 한다. 분별력이 없는 사람은 자신이 넘어서지 말아야 할 경계선까지 넘나들며 경거망동하고, 그로 인해 사람들로부터 원망과 따돌림의 대상이 된다. 상대에게 너무 지나친 사랑을 쏟는 것 역시 분별력이 없는 행동이라 할 수 있다. 사랑이 지나치면 넘지 말아야 할 선을 넘게 되고 법도가 바로 서지 않게 된다. 요즘 일어나고 있는 아이들의 폭력이나 왕따 현상도 어찌 보면 부모의 지나친 사랑 때문에 발생한 것인지도 모른다. 부모의 지나친 사랑이 아이들을 예의범절이나 법도를 모르는 망나니로 만든 것이다.

한비자도 사랑이 지나치면 법이 바로 서지 않는다고 경고하였다.

"무릇 인자함이란 사람의 고통을 보고 참지 못하는 마음을 말한다. 자혜는 남에게 베풀기를 좋아하는 마음을 뜻한다. 남의 고통을 보고 정에 이끌려 참지 못하면 허물이 있어도 벌하지 못하며, 남에게 베풀기를 좋아하면 공을 세우지 않아도 상을 주게 된다. 이렇듯 허물이 있어도 벌을 주지 않고 공적이 없는데도 상을 주면, 나라가 망하는 것은 전혀 이상한 일이 아니다."

우리는 공자의 가르침대로 선악과 정사를 엄밀히 구별하는 분별력 있는 사랑으로 아이들을 키워야 한다. 아이들이 잘못된 길로 빠졌을 때 '사랑의 매'로 담금질하여 한다. 아이에게 세상을 올바로 살아갈 수 있는 분별력을 심어 주는 것이야말로 진정한 부모의 사랑이 아니겠는가. 《채근담》에도 다음과 같이 적혀 있다.

"냉철한 눈으로 사람의 행위를 관찰하고, 냉철한 귀로 사람의 말을 들으며, 냉철한 마음으로 사리를 생각하라."

02

완전한 그림을 그릴 수 있는 사람은 없다

당신(공자)이 연구하는 것은 대개 옛사람들 것이오.
하지만 옛사람들은 이미 뼈까지 흙이 되었고,
남은 것은 귓가에 맴도는 몇 마디뿐이오.
그러니 그것에 너무 집착하지 마시오.

― 노자老子

세상에 영원불변하는 진리란 없다. 그러므로 우리는 권위에 맹종해서는 안 된다. 학자들이 이론에 집착하며 자기 이론을 내세우는 것도 절대적 진리가 있다고 착각하기 때문이다. 그들은 스스로 권위를 내세워 자신의 이론이 절대적인 것처럼 가장하고 어리석은 사람들이 이론을 따르기를 바란다.

평범한 사람들은 스스로 진리를 찾기보다는 절대적 권위에 따르기를 좋아한다. 오늘날 대학에서 성행하고 있는 학문의 근친상간도 절대적 권위에 복종하는 데서 비롯된 부조리의 단면으로 해석할 수 있다.

우리가 한편으로는 절대적 권위를 싫어하면서도 또 한편으로는 그 권위에 따르는 이유는 자신에 대한 믿음이 부족하기 때문이다. 학문에 몸담고 있는 사람들조차 신천지를 개척하려 하지 않고, 스스로 진리를 발견하기보다는 권위에 따르려 한다. 시간과 노력을 들이는 번거로움을 피하려는 것이다.

하지만 어떤 천재나 영웅도 세상에 대한 완전한 그림을 그릴 수 없다. 천재들이 발견한 세간의 진리도 자신이 본 한 편의 드라마에 불과하다. 검증을 통해 진리를 추구하는 과학조차 개개의 이론들은 한 인간의 관점에서 비롯된다. 오랜 세월 동안 진리의 탑에 서 있던 지구중심설은 태양중심설에 의해 무너지지 않았던가. 이는 비단 과학이 아직 발달하지 않은 과거의 일만은 아니다. 오늘날에 천재 과학자들이 내세운 과학의 법칙을 뒤집는 이론들이 하나둘 등장하고 있다. 그래서 불교에서는 "세계는 그 자체로 실체를 가지고 있지 않다. 그것은 다만 인간의 무지와 그릇된 상상력과 욕망과 애착이 만들어 낸 한없이 많은 인연의 화합일 뿐이다"라고 하였다. 노자 역시 "절대적인 존재란 없다. 인간 스스로 규정하면 인간 스스로 규정한 만큼의 한계를 가진다"라고 하였다.

어떤 권위도 절대적인 진리가 아니므로 맹목적으로 추종해서는 안 된다. 맹목적인 추종은 독단으로 가는 지름길이다. 종교를 맹신

절대적인 존재란 없다.
인간 스스로 규정하건
인간 스스로 규정한 만큼의
한계를 갖게 될 뿐이다.

하는 것은 어리석음을 드러내는 것에 불과하다. 인간의 운명은 초자연적인 힘으로 주어진 숙명이 아니다. 스스로 노력하여 쟁취하는 것이다. 설령 천국이 있다고 하더라도 그 안에서 무위도식하는 것이 행복이라고 단언할 수 없다. 그러나 사람들은 영생을 좇아 종교에 목맨다. 철학자 임어당은 "인간은 불완전하긴 하지만 미완성의 작품이 아니라 그 자체로 완성품이므로 더는 초자연적인 힘으로 조각될 필요가 없다"라고 하였다.

지성의 최고의 위치에 있다는 철학 역시 절대적 권위를 가질 수 없다. 철학자들은 세상을 단편적으로 볼 뿐 전체적으로 보지는 못한다. 공자는 공자의 입장에서 도덕성을 강조하고, 노자는 노자의 입장에서 자연스러운 삶인 무위자연을 강조한다. 또한 한비자는 한비자의 입장에서 강력한 법을 강조한다. 그러나 이것들 중 어느 것 하나 중요하지 않은 것이 없다. 세상에는 노자가 추구하는 무위자연도 필요하며, 공자가 말한 도덕성도 필요하다. 또한 한비자가 강조한 강력한 법도 필요하다. 인간은 성선설에서 주장한 것처럼 완전히 선한 것도 아니고, 그렇다고 성악설에서 말한 것처럼 절대적으로 악한 존재도 아니다. 인간은 선과 악을 넘나드는 존재이다. 그래서 자유를 보장해 주면서도 도덕이나 법으로 통제하지 않으면 안 된다. 선한 기운이 감돌 때에는 노자의 생각처럼 마음대로 뛰어놀게 하거나 공자의 생각처럼 최소한의 양심인 도덕에 따라 살게 해도 되지만, 악한 기운이 감돌면 한비자의 생각처럼 강력한 법으로 다스려야 한다.

천하를 통일하고 안정되었던 한나라처럼 나라가 태평할 때는 공자의 덕이 칭송되었다. 하지만 전국이 전쟁으로 몸살을 앓던 춘추전국시대에는 덕을 강조한 공자가 대우를 받지 못했고, 강력한 법을 강조한 한비자가 대우를 받았다. 전쟁이 난무한 혼란스러운 세상을 덕으로 다스리는 것은 불가능할 뿐만 아니라 강력한 법 없이는 다스릴 수조차 없기 때문이다. 그래서 세상사에서 어느 하나의 의견과 주장을 맹종하면 편견에 빠질 뿐이다. 이것은 곧 세상 전체를 보지 못하고 우물 안 개구리처럼 좁은 세상에서 사는 것이나 다름없다.

진정 지혜로운 사람이 되려면 서로 다른 철학자들을 만나고 그 철학자들을 통해 자신이 보지 못한 세상을 깨닫고, 깨달음을 바탕으로 전체를 조망하여 점진적으로 인생의 지도를 만들어 가야 한다. 철학자들의 가르침을 받아들이는 데 그치지 않고 그것을 다시 조율하여 인생의 청사진을 그려 보는 사람이야말로 지혜로운 사람이라 할 수 있다.

아무리 위대한 관습이라 할지라도 폐해弊害가 많을 때는 과감히 타파되어야 한다. 위대한 관습이나 법이 언제 어디서나 통하는 것은 아니다. 중용의 원칙에 따르면 관습이나 법도 모두 사람이 정한 것이기 때문에 절대적일 수 없고 시간과 장소에 따라 달라질 수 있다.

'악법도 법이다'라는 논리는 권력을 잡고 있는 독재자를 대변할 뿐, 공공의 이익을 위해 법을 따라야 하는 일반 국민의 생각을 대변하지는 않는다. 오히려 잃어버린 자신의 권리를 찾기 위해서는 불합리한 관습을 과감히 청산해야 한다. 관습에 얽매이지 않는다면 새로운 것들이 창의력이라는 새 옷을 입고 마구 쏟아져 나올 수 있다. 우리는 불합리한 관습의 굴레를 벗어나 자신이 원하는 바를 좇아 자신의 방법에 따라 행동할 필요가 있다.

03

지혜의 날을 세워라

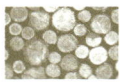

맹종하는 것은 폭군에게 매를 맞고 굴종하는 것보다도 훨씬 해롭다.
폭군의 노예에게는 아직 한 가닥의 희망이 있지만,
사랑의 노예에게는 전혀 희망이 없다.

— 간디Gandhi

너 나 할 것 없이 진리를 구하고자 하지만, 세상은 편견과
선입견으로 가득 차 있다. 인간은 자신의 시각으로 세상을 보는 습
성이 있다. 기쁘면 모든 것을 좋게 보고, 슬프면 모든 것을 슬프게
본다. 그러나 세상이 정말 그렇다고 단정하면 큰 오산이다.

우리에게 도달된 지식은 사람들의 편견에 의해 왜곡되어 전달되
는 경우가 대부분이다. 전달되는 과정이 길수록 정보는 더욱 왜곡
된다. 정보는 전해지는 과정에서 거치는 사람들의 감정과 편견이

더해져 처음의 사실에서 많이 달라지기 마련이다. 전달된 정보를 판단 없이 믿는 것은 자신의 인격을 무시하는 것이나 마찬가지다. 따라서 그 정보가 확실한 것인지 반드시 비판적으로 검토하고 확인할 필요가 있다. 공자는 "길거리에서 들은 말을 길거리에서 말한다면, 이는 덕을 버리는 것이다"라고 하였다.

우리를 더욱 당황스럽게 하는 것은, 세상은 논리적으로 설명할 수 없는 상반되는 현상들로 가득 차 있다는 사실이다. 행복에는 슬픔이, 사랑에는 증오가, 믿음에는 배신이 따른다. 그래서 우리는 자신이 어느 순간 깨달은 지식을 절대적으로 신봉해서는 안 되며, 지금 행복하다고 하여 세상에 대해 지나치게 낙관적인 태도를 보여서도 안 된다. 마찬가지로 지금 고통에 빠졌다고 하여 세상을 부정적으로 봐서도 안 된다.

자신이 본 세계가 전부이며 절대적인 것이라 생각해서는 안 되며, 상대방을 인정하고 다른 사람의 말에 귀를 기울이는 겸손한 마음과 아량을 가져야 한다. 겸손하고 아량이 있는 사람은 소통을 통해 다른 사람의 소중한 지혜를 얻을 수 있다. 반대로 아집이 강한 사람은 독단에 빠져 미망迷妄에서 헤어날 수 없다.

오늘날 사람들에게 비판 정신을 일깨워 줘야 할 인문학이 빛을 잃은 까닭은 인문학을 연구하는 사람들이 자신의 관념과 논리에 빠져 민중의 소리에 귀를 기울이지 않기 때문이다. 그들은 자신의 지적 만족을 위해 자신만의 논리로 자신의 이론을 전개해 왔다. 대중은 그들의 난해한 논리를 따라갈 수 없어 읽기를 포기한 지 오래다. 그래서 인문학은 대중에게 외면을 받았다. 그런 면에서 철학자 칸트는 철학상의 공로에도 철학을 대중에게서 멀어지게 한 대표적인 인물이라 할 수 있다.

그뿐만이 아니다. 학자들이 양심을 팔아 세상에 아부한 것도 대중이 등을 돌린 이유이다. 고대 사회에서 학자들은 노예제를 정당화하였고, 중세시대에는 교회를 정당화하는 데 앞장섰다. 근대에 와서는 자본주의 논리를 계발하더니 공산주의가 몰락하자 시장 경제만이 세상의 문제를 해결하는 길이라고 설교했다. 오늘날에는 전 세계적으로 빈부격차가 심화되고 있는데도 학자들은 시장 경제를 운운하며 현 상황의 주범인 자본주의자들을 정당화하고 있다.

그러나 자유주의를 표방한 자본주의는 자기 존중의 원칙에만 충실한 이데올로기다. 타인 존중의 원칙은 전혀 고려하지 않고 자유 경쟁과 발전의 논리만을 앞세워 가진 자들의 탐욕을 정당화하며 부익부 빈익빈을 심화시켰다. 상위 1퍼센트를 위한 부의 창출을 위해 세계를 자본주의의 양식으로 만들어 가고 있는 것이다. 그럼에도 많은 학자는 다른 대안이 없다고 주장하며 자본주의 이념을 최고인 양 떠들며 가진 자에게 충성을 바친다. 이처럼 교활한 학자들이 권력과 결탁하고 그럴듯한 학설을 만들어 민중의 눈을 가리고 귀를 막으려 한다. 공자는 이런 교활한 학자를 일컬어 '덕의 도둑'이라 하였다.

다른 사람의 말에
귀를 기울이는 겸손한 마음과
아량을 가져야 한다.
겸손하고 아량이 있는 사람은
소통을 통해
다른 사람의 소중한 지혜를 얻을 수 있지만,
아집에 사로잡힌 사람은
독단에 빠져 미망에서 헤어날 수 없다.

'덕의 도둑'들에게 휘둘리지 않기 위해서라도 우리는 마르크스의 주장처럼 시대를 지배하는 '허위의식'을 폭로하는 비판 정신을 가져야 한다. 비판 정신은 사회 구조적 비리를 감시하고 고발하여 사회적인 불행을 사전에 차단하고 사회 정의를 실현하는 데 반드시 필요한 마음의 양식이다. 만일 비판 정신이 사라진다면 모두가 '소외된 인간'으로 전락하게 될 것이다. 따라서 우리는 민중의 소리를 대변하는 인문학의 부활을 통해 비판 정신을 길러야 한다. 프롬은 비판 능력이 없는 소외된 인간의 모습을 다음과 같이 묘사했다.

"행복이 더 좋은 상품을 대량 소비하고, 음악, 영화, 코미디, 성적 만족, 술, 담배 등을 무조건 받아들이는 것과 같은 의미가 되었다. 사람들은 자아가 형성되지 않아 항상 불안하고 초조하며 타인으로부터 인정받는 데에만 급급하다. 모두 자신으로부터 소외되었으며 자신의 손으로 만든 상품들을 자신의 손에 닿지 않는 어떤 높은 곳에 있는 신성한 것처럼 숭배한다."

세상에 절대적 진리가 없다고 가정한다면, 지나치게 확신하는 것은 어리석은 일에 지나지 않는다. 최고의 철학자인 소크라테스조차 "진정한 진리가 무엇인가?"라는 질문에 "나는 아직 모른다"고 고백하였다. 정말로 우리의 지식에는 가능성과 확률만 존재할 뿐인지도 모른다.

그런데도 어리석은 사람들은 자신이 알고 있는 어설픈 지식을 지나치게 확신한다. 자신의 보잘것없는 논리나 지식으로 정확히 알지도 못하는 것을 단정 짓는다. 지나친 자기 확신 역시 추락의 지름길이란 사실을 명심해야 한다.

20세기 철학자 포퍼는 "20세기 정치는 '야만적인 확실성'으로 가득 차 있었다"고 말하였다. 공산주의와 파시즘은 '확실성'이라는 논리를 앞세워 무자비한 피의 숙청을 정당화하였다. 그들은 자신을 절대화하여 모든 반대세력을 없애 버려 다름을 포용하는 건설적인 자기 개선을 허용하지 않았다. 공산주의와 파시즘은 확실성을 교묘히 이용하여 인간의 숨겨진 독재 본능을 정당화하였다.

그렇지만 역사의 심판은 냉혹하였다. 공산주의와 파시즘은 마찰 없는 강제와 확고한 만장일치라는 환상에 빠져 스스로 무게를 감당하지 못하고 역사 속으로 사라져 버렸으니 말이다. 절대 강국이었던 영국의 식민 통치를 받은 간디도 맹종의 위험을 알고 "인간은 지켜야 할 이성을 누구에게도 넘겨주어서는 안 된다. 맹종하는 것은 폭군에게 매를 맞고 굴종하는 것보다 훨씬 해롭다"라고 하였다. 이처럼 빗나간 절대성은 우리의 목숨을 노리는 법이다. 그러므로 우리는 항상 틀릴 수 있다는 가능성을 열어 놓아야 하며 '절대적인 우상'에 몸을 맡기는 어리석음을 범해서는 안 된다.

어떤 절대적 대상에 맹종하는 것은 자신의 무지와 무기력을 증명하는 것에 지나지 않는다. 맹종은 반성하는 사고의 부재를 의미하며 비판 능력의 상실을 의미하기도 한다. 그런데 불행하게도 이런 맹목성은 대중에게 나타나는 특성이기도 하다. 대중은 원칙 없이 감정에 잘 휘둘리며 사물의 본질보다도 눈에 보이는 현상에 집착한다. 대중이 유행에 민감하게 반응하는 것도 본질보다는 현상에 집착하기 때문이다. 그래서 간디도 "나는 군중의 숭배에 속이 메스껍다. 그들이 차라리 나에게 침을 뱉는다면 더욱 믿음직스러울 것이다"라고 하였다.

이런 맹목에 따른 파멸을 피하기 위해서는 먼저 소크라테스처럼 무지를 자각해야 한다. 맹목은 무지의 산물이다. 비판 능력만 있어도 맹목적으로 따르지 않을 것이다. 그러므로 우리는 스스로 무지하다는 것을 깨닫고 무지에서 벗어나기 위해 지식을 얻으려고 노력해야 한다. 나아가 다른 사람의 말에 얼마든지 진리가 들어 있을 수 있다는 가능성을 깨닫고 마음의 문을 활짝 열어야 한다. 열린 사고는 단편적인 지식에서 벗어나 보편적인 진리에 접근하게 한다. 포퍼가 말하는 역지사지의 정신이야말로 가장 합리적인 인간 정신이며, 소통을 가능하게 하는 민주 사회와 서로 다른 사람이 하나가 될 수 있는 통합 사회의 전제 조건이라 할 수 있다.

"아는 것을 안다고 하고, 모르는 것을 모른다고 하라. 이것이 바로 진정 아는 것이다"라는 공자의 가르침의 참뜻을 되새겨 보자.

04
경험만큼 소중한 것은 없다

배우기만 하고 생각하지 않으면 어둡고,
생각만 하고 배우지 않으면 위태롭다.
- 공자孔子

지혜는 무엇보다도 중요하다. 지혜를 얻기 위해서는 책을 읽고 경험을 쌓아야 한다. 책은 다른 이를 통해 세상을 보는 지혜의 샘이며 마음의 양식이자 삶의 동반자이다. 우리는 책을 통해 자신이 보지 못한 다양한 세상을 보고, 세상을 올바로 볼 수 있는 안목을 가질 수 있다. 그래서 책을 많이 읽으면 읽을수록 그만큼 시행착오를 줄일 수 있게 된다.

하지만 자칫 한 종류의 책에 심취하면 오히려 세상을 편협하게 보게 된다. 또 오직 즐거움을 주는 책만 읽는 사람도 있다. 이는 세상을 살아가는 데는 도움이 되지 않는다. 그러므로 다양한 책을 통해 자신이 가진 편견을 없애고 융통성이 있는 지혜로운 사람이 되도록 노력해야 한다.

한 가지 주의할 점은 오직 책을 통해 지혜를 얻으려 하는 것은 바람직하지 않다는 것이다. 책 속에는 자신이 보지 못한 다양한 세상이 있어 다른 세상에 대한 깨달음을 얻을 수 있지만, 책을 쓴 사람의 편견 또한 들어 있을 수 있다는 사실에 주목해야 한다. 그러므로 책을 탐독하면서 한편으로 경험을 충분히 쌓아 현실 감각을 살리는 것이 중요하다.

경험의 축적은 책을 읽는 이상으로 중요하다. 아무리 지식이 많아도 실제로 경험하지 않고는 현실을 제대로 읽지 못해 능력을 발휘하기 어렵다. 쇼펜하우어가 "경험은 본문이고 반성과 지식은 이것에 대한 주석에 불과하다"라고 말한 것처럼, 경험이 없이는 인생의 깊은 맛을 알 수 없다. 그러므로 지혜로운 사람이 되기 위해서는 이론에만 밝을 것이 아니라 글이 없는 책이라 할 수 있는 경험의 축적에도 힘써야 한다.

"요즘 학문하는 사람들이 자신의 수양을 위해서가 아니라 박학다식함을 자랑하기 위해 학문을 한다"라고 통탄한 공자의 말은 오직 책을 통해서만은 지혜로움을 얻을 수 없다는 사실을 반증한다. 한비자도 "참다운 지혜를 얻고자 한다면 허망한 논리나 이론보다는 실제에 밝아야 한다"고 강조했다.

견문을 넓혀 자신의 울타리를 벗어나고 자신이 가지고 있는 편견을 없앤다면 지혜는 날개를 단 것과 같다. 보고 들은 것이 좁은 사람은 자신이 본 세계가 전부인 것처럼 생각하고 우물 안 개구리처럼 좁은 식견에 사로잡히기 마련이다. 게다가 좁은 식견은 나이를 먹으면 그 누구도 쉽게 깨트릴 수 없는 아집으로 변한다. 아집과 편견을 가지지 않기 위해서는 어린 시절부터 견문을 넓히고 넓은 세상과 접해야 한다. 멀리 보는 새가 먹이를 쉽게 발견하는 것처럼, 다양한 세상을 경험한 사람이 인생의 참 진리를 얻을 수 있는 법이다.

또한 지혜로운 사람이 되기 위해서는 적절히 생각할 줄 알아야 한다. 그래야 허울 좋은 껍데기를 벗어 버리고 내실에 충실한 깊이 있는 삶을 살 수 있다. 생각이 많은 것도 문제지만 생각이 없는 것도 문제이다. 생각이 많으면 생각이 엉켜 머리가 아프고, 생각이 없으면 머릿속이 텅 비어 머리가 멍하게 된다. 그런데 대부분 생각하기보다는 눈과 귀로 듣는 것을 좋아한다. 특히 매스컴이 발달한 이후 이런 현상은 더욱 심화되었다. 요즘 사람들은 도저히 가만있지 못하고 끊임없이 보고 들을 것을 찾고 그것에 몰입한다. 사람들은 보고 듣는 것으로 배움을 얻는다고 여기며, 이러한 생활에 익숙해져 점점 혼자 생각하는 것을 매우 고역스러워 한다. 그러나 많은 것을 보고 들으며 배웠다고 해서 생각하기를 멈추는 것은 바람직

경험은 본문이고
반성과 지식은 이것에 대한 주석에 불과하다.
경험 없이는
인생의 깊은 맛을 알 수 없다.

하지 않다.

생각을 많이 하면 얻은 정보가 정리되지 않아 실상을 파악하기가 어렵다. 반면, 바쁘다는 핑계로 동분서주하며 생각을 하지 않으면 정신이 혼미해지고 생각이 단편적이고 편협하게 된다. 그러므로 잠들기 전이라도 하루 일과를 돌이켜 보고 생각하는 습관을 가져야 한다. 그러면 자신에 대해 정리할 수 있어 발전할 것이다.

그렇다고 배우기를 소홀히 하고 생각만 골똘히 하려고 해서도 안 된다. 생각만 하면 깨닫기도 어렵지만 설령 깨달았다 하더라도 넓은 세계를 보지 못하고 자신이 생각한 것을 전부로 여겨 경거망동하게 되기 때문이다. 그래서 공자는 "내 일찍이 온종일 먹지도 않고 밤새도록 자지도 않으며 사색을 해 보았으나 아무 유익함이 없었으니, 공부하는 것보다 더 나은 것이 없더라"고 하였다. 이렇듯 세상사는 어느 것 하나도 중용의 원칙에서 벗어나지 않는다. 배움과 생각을 적절히 하는 것이 무엇보다 중요하다.

쇼펜하우어는 생각하기 위해서는 고독을 즐길 줄 알아야 한다고 했다. 지나치게 밖으로 향하면 자기가 하고 싶은 것을 할 수 없게 되고, 유혹에 빠져 자신의 정열을 소모하며, 그 결과 큰 손실을 보게 된다. 그러므로 자신의 생각을 구축하기 위해서는 바쁜 일정을 정리하고 홀로 생각할 수 있는 시간을 가져야 한다. 그래야 창조력도 얻을 수 있고, 보다 성숙한 인간으로 성장할 수 있다.

틈나는 대로 자신의 생각을 글로 옮기는 것만큼 생각을 정리하는 데 좋은 방법은 없다. 생각을 글로 정리하다 보면 얽히고설킨 생각이 정리되고 새로운 생각이 떠올라 자신만의 독자적인 세계를 구축할 수 있게 된다.

하지만 너무 생각을 많이 해서 엉뚱한 결론에 이르지는 말아야 하겠다. 생각을 많이 하다 보면 오히려 너무 많은 생각으로 머릿속이 복잡해져 바둑에서 장고 뒤에 악수를 두는 것처럼 엉뚱한 결론을 내리는 낭패를 볼 수도 있다. 반면, 번뜩이는 착상이 얽혀 있던 문제를 순간적으로 해결해 줄 때도 있다. 그러므로 생각하는 습관을 일상화하고 자신의 직관을 적절히 활용할 줄 알아야 하겠다.

O5

때론 침묵하라, 그리고 귀 기울여 들어라

관중과 같이 사리에 밝은 사람과 습붕과 같이 슬기로운 사람도
자기가 모르는 것이 있을 때는 늙은 말이나 개미를 스승으로 삼았다.
요즘 사람들은 자신의 어리석음을 알지 못하고
성인들의 지혜를 스승으로 삼을 줄 모르니, 이 또한 허물이 아니겠는가?

─한비자韓非子

지혜는 스스로 구해야 얻을 수 있다. 하지만 안타깝게도 경
험을 통해 세상의 모든 지혜를 얻기에는 인생이 너무 짧다. 그래서
우리는 다른 사람으로부터 지혜를 얻어야 한다.

그렇다면 다른 사람으로부터 지혜를 얻기 위해서 어떻게 해야
할까? 우선 사람을 사귈 때 될 수 있으면 자신보다 나은 사람과 사
귀도록 힘써야 한다. 사람들은 대개 이해관계에 따라 만나지만 이
런 만남은 그다지 유익하지 않다. 이익을 얻기 위한 만남은 즐거움

보다 피곤함을 준다. 유익한 만남이 되려면 만나는 즐거움과 동시에 배우는 즐거움을 얻을 수 있어야 한다. 배움의 즐거움을 주는 친구와의 만남을 통해서는 지혜의 등불까지 얻을 수 있다. 지혜로운 사람은 인생에 대한 교훈을 전달하여 우리에게 인생의 심오한 본질을 알려 준다. 그러므로 이런 사람과 벗하면 저절로 세상의 지혜를 얻을 수 있다.

반면, 자신보다 못한 사람과는 사귀지 않는 편이 낫다. 자신보다 못한 사람과 사귀다 보면 배움을 얻기는커녕 시간을 낭비하고 많은 것을 잃을 수 있다. 가장 어리석은 자는 자신이 어리석다고 생각하지 않고 스스로 현명하다고 생각하는 사람이다. 이런 어리석은 자를 가까이하면 해롭다. 천하의 맹장으로 이름을 떨치던 여포가 일찍 죽은 것도 눈앞의 이익에 눈먼 어리석은 사람이었기 때문이다. 그래서 공자는 "정직한 사람과 성실한 사람, 박학다식한 사람과 벗하면 유익하지만, 아첨하고 성실하지 못한 사람과 말 둘러대기를 좋아하는 사람과 벗하면 해롭다"라고 하였다.

정말 지혜로운 사람은 자신의 지적 한계를 알고 있는 사람이다. 파스칼도 "아는 만큼 모른다"라고 했다. 그래서 정말 지혜로운 사람은 지혜를 쌓는 것을 게을리하지 않으며, 안다고 하더라도 거만하지 않고, 지혜로운 벗을 통해 지혜를 얻는 것을 부끄러워하지 않는다. 다른 사람에게 물어보는 것은 절대 위신 깎이는 일이 아니며 오히려 자신이 지혜롭다는 사실을 증명하는 것임을 잊지 말아야 하겠다.

다른 사람으로부터 지혜를 얻기 위해서는 자신의 견해를 너무 내세우지 말고 듣기에 힘써야 한다. 세상에 절대적 진리란 없기 때문에 많은 사람이 반대한다는 이유만으로 자신의 견해를 꺾어서도 안 되지만, 남의 말에 아랑곳하지 않고 자신의 주장만 앞세워서도 안 된다. 다른 사람의 말을 듣지 않고 고집을 부리면 자신에게 갇혀 진리에 접근하기 어렵다. 이는 성장에 전혀 도움이 되지 않는다. 게다가 자신의 생각만 내세우면 다른 사람의 반감을 사 결국 좌절과 실패를 겪게 된다.

서로 입장이 다를 때는 입장을 바꿔 상대방이 내세우는 근거를 곰곰이 생각해 볼 필요가 있다. 사사로운 감정에 휩싸여 큰 대사를 그르치지 않으려면 상대방의 입장을 고려하는 열린 마음을 가져야 한다. 열린 마음은 자신의 도량을 넓힌다. 담을 수 있는 그릇이 크면 클수록 진리에 접근하기 쉬우며 다른 사람의 의견을 많이 담을 수 있어 유익하다.

그러므로 지혜로워지고 싶다면 말을 아끼고 듣기를 즐겨야 한다. 우리는 대개 자기와 관련된 것에만 관심을 가지고 자기가 하는 말만 생각한다. 그래서 자기 의견의 정당성만 강요할 뿐, 다른 사람들의 말에 귀를 기울이려 하지 않는다. 이런 태도는 타인 존중의 원칙에 어긋나며 동시에 자기 발전에 전혀 도움이 되지 않는다. 말이 많은 사람은 자신을 자랑하거나 자신의 불행을 하소연하며 다

이쪽이 반쯤의 타당성밖에 없을 때는
아무리 중대한 일이라도 상대방에게 양보하라.
이쪽이 다 옳다고 생각되는 때에도
작은 일이라면 양보하는 것이 현명하다.

른 사람을 비방하는 데 많은 시간을 할애하여 시간을 낭비할 뿐만 아니라 듣는 사람을 지겹고 고달프게 한다. 그러므로 될 수 있는 한 말을 많이 하기보다는 아껴야 한다.

말을 아끼는 대신 듣는 것에 집중하도록 하자. 상대방의 말을 들어 줄 때는 이의가 있어도 우선 그대로 들어야 한다. 그것이 상대를 존중하는 것이다. 다른 사람의 의견을 듣다 보면 자신이 미처 깨닫지 못한 인생의 귀한 보물을 얻을 수도 있다.

특히 지도자는 탁월한 통찰력을 가진 사람을 옆에 두고 항상 그 사람들의 말에 귀를 기울여야 한다. 지혜로운 자를 곁에 두고 자문을 구할 수 있다면 천하를 손에 넣을 수 있다. 유방이 천하를 손에 넣을 수 있었던 것도 장자방이 곁에 있었기 때문이며, 유비가 황제에 오를 수 있었던 것도 제갈공명이 있었기 때문이다. 자신보다 우월한 능력을 가진 자를 곁에 두는 것은 어지러운 세상을 헤쳐 나가는 데 큰 힘을 얻은 것과 같다. 그러므로 우리는 지혜로운 사람이 곁에 없다면 교류를 통해 그들과 접촉하여 도움을 얻도록 힘써야 한다.

다른 사람과 이야기를 하며 생각을 나눌 때 주의해야 할 것들이 있다. 대화가 자칫 논쟁이나 말다툼으로 번지지 않도록 해야 한다. 논쟁은 대개 문제 해결에 도움이 되지 않는다. 논쟁할 때는 대부분 자기 입장에서만 생각하기 때문에 상대방의 말이 옳아도 자기의 입장과 다르면 반박하려 하고, 반박이 또 다른 반박을 낳아 결국에

는 고성만 오갈 뿐이다. 이런 논쟁이 계속 진행되다 보면 그 논쟁
은 말싸움이나 감정싸움으로 돌변하고 만다. 말싸움은 친구조차
적으로 만든다.

논쟁에서 승패가 나는 것도 아니고 이긴다고 해서 상대방이 승
복하는 것은 더더욱 아니다. 오히려 논쟁이 격해지면 격해질수록
감정의 골만 깊어진다. 그러므로 결론이 나지 않는 공허한 논쟁은
피해야 한다. 공허한 논쟁을 피하기 위해서는 상대방이 반박한다
고 해서 즉각적으로 반응하지 말고 침묵으로 대응하는 편이 좋다.
데일 카네기는 링컨의 말을 빌려 다음과 같이 논쟁하지 말라고 당
부했다.

"자기 향상을 위해서는 사사로운 논쟁에 시간을 낭비하지 않아
야 한다. 논쟁 뒤에는 반드시 기분이 상하거나 자제력을 잃게 마련
이라고 생각한다면 논쟁할 수 없을 것이다. 이쪽이 반쯤의 타당성
밖에 없을 때는 아무리 중대한 일이라도 상대방에게 양보하라. 이
쪽이 다 옳다고 생각될 때에도 작은 일이라면 양보하는 것이 현명
하다. 개에게 물려서 그 개를 죽인들 물린 상처는 치유될 수 없는
법이다."

o6

상대의 내면을 읽고 판단하라

현명한 자는 모든 것을 평가할 줄 안다.
그는 매사에 좋은 것을 찾아낼 줄 알고
어떤 일을 좋게 하려면 어느 정도의 노력이 있어야 하는지도 안다.
어리석은 자는 모든 사람을 멸시한다.
그런 사람은 좋은 것을 알아볼 줄 모르고 더 나쁜 것을 선호한다.

— 그라시안Gracián

참다운 지혜는 평가하는 데서 시작된다. 평가할 줄 알아야
옥석을 가릴 수 있고 모래밭에서도 금을 캘 수 있다. 그래서 평가
할 줄 아는 사람은 다른 사람에게 존경을 받고, 올바른 평가를 통
해 다른 사람을 자신의 사람으로 만들 수 있다.

그런데 안타깝게도 대부분 평가할 줄 모를 뿐만 아니라 편견으
로 가득 차 있다. 우리는 대개 원칙과 소신이 부족하여 겉모습만
보고 사람을 평가하고, 자신의 행복에는 만족하지 못하며 다른 사

람의 행복을 시기한다. 오늘을 살면서도 지난 것을 그리워하고, 가까이 있는 것을 소중히 여기기보다는 멀리 있는 것을 부러워한다. 그래서 무엇이 소중한지, 그리고 누가 어떤 재능이 있는지를 전혀 판별하지 못하고 자신의 옆에 훌륭한 사람이 있어도 그 사람의 가치를 깨닫지 못한다.

평범한 사람은 자신의 눈높이에 맞는 평범한 것만을 훌륭하다고 여긴다. 자신의 능력을 뛰어넘는 것은 이해할 수 없어 이상하다고 치부해 버린다. 더욱이 지혜로운 자가 나타나면 그의 앞길을 가로막으려고 한다. 지혜로운 자의 진가를 알아주기보다는 그로 인해 자신이 명성을 잃게 되지나 않을까 전전긍긍하며 방해를 하는 것이다. 천재들의 불운은 이러한 대중의 어리석은 판단력, 시기와 질투에서 비롯되었다고 해도 과언이 아니다. 반면, 고난과 박해를 감당할 수 없어 영악하게 대중과 영합하는 이들도 있다.

공자는 "여러 사람이 미워할지라도 반드시 살펴보아야 하며, 또한 여러 사람이 좋아할지라도 반드시 살펴보아야 한다"라고 하였다. 또 간디는 "가장 바람직하고 견실한 일은 쓸쓸한 소수에 의해 이루어진다"라고 말하면서 소수와 함께할 때 진리에 접근할 수 있다고 강조하였다.

물론 사람을 제대로 평가하는 것은 매우 어려운 일이다. 성현처럼 행동하는 간사한 무리가 있는가 하면, 무능하게 보이지만 실제로는 큰 재주를 가진 사람도 있다. 그래서 우리는 종종 성현이 아

여러 사람이 미워할지라도
반드시 살펴보아야 하며,
또한
여러 사람이 좋아할지라도
반드시 살펴보아야 한다.

님에도 그 사람이 가진 뛰어난 언변에 속아 넘어가 그를 성현이라 여기기도 한다.

그렇지만 일반 사람과 달리 성인은 곧바로 성인을 알아보고 영웅은 영웅을 알아본다. 공자는 노자를 처음 보고 하늘을 나는 용이라고 했고, 조조는 유비를 보자마자 시대의 영웅임을 알아봤다. 성인과 영웅은 사람을 평가할 때 단순히 외양만 보는 것이 아니라 겉으로 드러나지 않는 능력까지 꿰뚫어 보는 혜안을 가지고 있기 때문이다. 그래서 제대로 세상을 보기 위해서는 사람의 능력을 평가할 수 있는 안목을 길러야 한다.

또 지혜롭게 살기 위해서는 세상 물정에도 밝아야 한다. 세상 물정을 모르면 도태되기 쉽다. 세상은 끊임없이 변화하므로 정적인 관념 속에서만 살 수 없다. 관념 속에 살다 보면 자연스레 현실에서 동떨어지기 때문에 불이익을 당할 수 있다. 이런 사람들은 조롱거리이자 공격의 대상이 된다. 조롱거리가 되는 불행한 사태를 막기 위해서는 학문 공부에만 전념할 것이 아니라 실용적인 지식을 체득하여 세상 물정에도 밝은 사람이 되도록 노력해야 한다. 아무리 아는 것이 많아도 그것을 제대로 활용하지 못하면 무슨 소용이 있겠는가. 진정한 지식은 세상과 동떨어진 관념적인 지식이 아니라 세상에서 빛이 되는 지식이다.

세상 물정에 밝은 사람은 하나의 원칙만을 고집하지 않고 임기응변에도 능하다. 세상은 늘 변화하기 때문에 하나의 원칙으로만 돌아가지 않는다. 전혀 생각지도 못한 뜻밖의 일이 발생하는 경우가 비일비재하다. 같은 행위라도 똑같은 결과를 낳지 않으며, 다른 행위가 같은 결과에 이르기도 한다. 그래서 행동할 때는 상황에 따라 융통성 있게 처신해야 한다. 그런 의미에서 "약속을 했으면 무조건 지켜라"라고 한 칸트의 말은 세상의 흐름을 파악하지 못한 어리석은 가르침이라 할 수 있다. 세상은 끊임없이 변하는데, 자신이 불이익을 당할지도 모르는 상황에서 하나의 원칙에 매달려 억지를 부리는 것은 참으로 어리석은 행동이다. 그래서 손자는 "모름지기 세상을 살려면 물처럼 임기응변에 능해야 하고 유연한 사고를 가져야 한다"고 강조했다.

제3부

자신을 만들어 가는 길

세상에서 가장 먼저 사랑해야 할 존재

남을 아는 자는 지혜롭고, 자기를 아는 자는 밝다.
다른 사람을 이기는 자는 힘이 있고, 자기를 이기는 자는 강하다.
만족하는 자는 넉넉하고, 힘써 행하는 자는 뜻이 있다.

– 노자老子

삶의 출발은 바로 자기 자신에게서 시작된다. 그래서 우리는 무엇보다도 자신을 존중하고 자기 자신에게 충실한 삶을 살아야 한다. 자기 존중의 원칙에 충실하려면 먼저 자신을 알아야 한다. 자신이 무엇을 원하는지를 알아야만 자신이 원하는 방향으로 나아 갈 수 있고, 후회하지 않고 보람 있는 삶을 살 수 있다.

그러나 "지혜로운 사람도 자기 눈썹을 볼 수 없다"는 한비자의 말처럼, 자신을 알기란 쉽지 않다. 자신이 원하는 것이 무엇이며 진정 하고자 하는 것이 무엇인지를 제대로 아는 사람이 몇이나 될까. 하지만 자신을 아는 것이 어렵다고 해서 자신의 목소리를 들으려고 하지 않고, 다른 사람과의 대화를 통해 자신이 누구인지를 알려고도 하지 않는다면 곤란하다. 안타깝게도 대부분은 자신의 타고난 능력을 방치하고 그냥 평범하게 살다 간다. 더욱 심각한 것은 자신에게 충실하기보다는 외부 세계의 요구에 민감하여 자신이 원하는 것보다 다른 사람이 원하는 방향으로 자신의 인생의 방향을 정하려고 한다는 것이다. 사람들이 빚을 내서라도 좋은 차를 타고 멋진 옷을 입는 것도 자신이 원해서라기보다는 다른 사람에게 잘 보이기 위해서다. 특히 내면이 채워지지 않은 사람일수록 겉치레에 치중하고 명품만을 고집한다. 하지만 남들에게 잘 보이려는 허영심만 가득하면 자신이 가진 것과 작은 것에 만족하지 못하고 잡을 수 없는 것과 큰 것만을 찾다가 결국 파멸에 이르고 만다.

누구나 다른 사람으로부터 인정받고 싶어 한다. 이는 당연한 욕구이다. 하지만 다른 사람의 견해에 지나치게 관심을 가지는 것은 어리석다. 남으로부터 부여된 명예는 자신을 다른 사람의 노예로 만들 뿐이다. 쇼펜하우어는 명예에 집착하지 말 것을 다음과 같이 말했다.

"우리가 마땅히 명심해야 할 노력을 무시하고 제3자의 의견을 과대평가하여 언제나 불안과 괴로움에 시달리는 것은 일종의 세계적인 전염병으로 인류의 고질병이라 할 수 있다. 우리는 사사건건

삶은 나로부터 출발한다.
나를 알고
내가 원하는 것이 무엇인지를 알아야
올바른 삶의 방향을 향해 나아갈 수 있다.

남의 눈치를 본다. 우리가 경험하는 모든 고뇌의 절반 이상은 사실상 이런 타인 본위의 심려에서 비롯된다. 이러한 심려는 병적인 신경과민과 희박한 자부심을 낳고 모든 허영과 겉치레의 근원이며, 사치와 교만을 불러온다. 이런 불필요한 근심 걱정에서 벗어나면 인간의 사치와 호사스러움은 현재의 10분의 1로도 족할 것이다."

자신을 사랑하고 존경하는 데 익숙하지 못하면 불행하게 된다. 사회는 자신보다 남을 먼저 사랑하라고 가르치고 자기를 사랑하는 것은 이기적이고 교만하다고 가르친다. 그러나 이것은 자기 존중의 원칙에 어긋난다. 자신의 인생은 어디까지나 자기를 위한 것이지 결코 남을 위한 것이 아니다. 자신과 맞지 않는 일을 할 때 비극이 시작된다. 자신이 원하는 삶을 살지 않으면 절망과 후회스러운 삶을 살 수밖에 없다.

남을 위해 자신을 희생하는 삶은 명예롭고 숭고해 보일지 모르나 분명 어리석다. 특별한 사명감이나 의무감이 아니라면 무조건적인 희생은 그 누구를 위해서도 바람직하지 않다. 그러므로 일단 자기 존중의 원칙에 따라 자기를 먼저 사랑해야 하며 그런 다음 타인 존중의 원칙에 따라 외부로 범위를 확장시켜 나가야 한다. 유학에서 말하는 '수신제가 치국평천하'도 바로 이런 생각에 기초하고 있다.

일단 자신이 무엇을 하고자 하는지를 알아야 한다. 그 일을 찾고 나면 그것이 비록 남에게는 사소한 것처럼 보일지라도 그 일에 전념해야 한다. 그러면 생산적인 즐거움을 누릴 수 있다. 자신의 일에 몰두할 때 자부심을 느끼며 행복해질 수 있지만, 그저 먹고살기 위해 어쩔 수 없이 일할 때는 노예처럼 처량한 신세가 되고 만다. 그래서 생산적인 기쁨을 배가할 수 있는 일을 찾는 것이 무엇보다 중요하다.

우리는 완성된 채로 태어나지 않는다. 마치 미완의 작품과도 같다. 재능은 물론 인격까지 어느 하나 완성된 것이 없다. 누구든지 장단점을 가지고 있다. 그런데 대부분이 자신의 장단점이 무엇인지조차 모른다. 또한 단점을 장점으로 착각하고 그것을 사랑하기까지 한다.

자신을 알아야 인생을 제대로 설계할 수 있다. 자신과의 대화를 통해서든 다른 사람과의 만남을 통해서든 자신을 충분히 이해한 다음, 장점을 키우고 단점을 없애 자신을 완성하려고 노력해야 하겠다. 자신의 품격은 자신을 아는 만큼 높아지는 것이며 행복 또한 자신이 아는 만큼 완성될 수 있다는 사실을 잊지 말자. 자기 발전을 위해 "어진 이를 보면 그를 본받고자 노력하며 어질지 못한 자를 보면 반성의 대상으로 삼아야 한다"라고 한 공자의 말도 늘 염두해 두자.

나를 올바르게 알아야 행복한 삶을 살 수 있다

자신의 결점을 알아야 한다.
누구나 뛰어난 장점에 걸맞은 결점을 가지고 있다.
이 결점이 발전하면 독재를 하게 된다. 그러므로 자신의 결점에 맞서 싸워야 한다.
또한 무엇보다 중요한 것은 주요 결점을 확실하게 아는 것이다.
—그라시안Gracián

자신이 어떤 사람인지 정확하게 평가하기 위해서는 자신의 장점만 보고 단점을 보지 않는 과대망상증 환자처럼 자신을 과대평가하거나, 반대로 장점은 보지 않고 단점만 보는 피해망상증 환자처럼 자신을 과소평가해서는 안 된다.

먼저 과대망상에 사로잡힌 사람을 살펴보자. 이런 사람은 자신의 장점만 보고 단점을 보지 않아 다른 사람보다 자신을 더 높게 보려는 경향이 있다. 특히 어리석은 사람일수록 자신이 대단하다고

자신에 대해

정확하고 냉정하게 평가를 할 수 있어야 한다.

장점만 보고 단점을 보지 못하는 것도,

단점만 보고 장점을 보지 못하는 것도 모두 어리석다.

생각한다. 그래서 자신은 언제나 대단한 존재이고 자기가 없으면 세상이 존재하지 않을 것이라고 착각하여 다른 사람 위에 제왕처럼 군림하려 한다. 이런 사람은 우월감에 도취되어 자신이 존재하지 않아도 태양은 떠오르며 세상은 큰 지장 없이 잘 돌아간다는 사실을 모른다. 그러다 이 사실을 깨닫게 되면 큰 고통을 받는다.

세상을 올바로 보는 사람은 이런 혼란스러운 생각에 빠지지 않을뿐더러 세상은 자기가 없어도 잘 돌아간다는 사실에 주목한다. 그래서 마음 한구석에는 자신감이 있지만 마음의 평정을 유지하기 위해 최악의 일도 염두에 둔다. 그래야 과대망상증에서 벗어나 단점을 최소화하기 위해 노력하며 인생에서 실패하지 않을 수 있다. 공자가 현자라고 칭찬한 안회조차 가난에 허덕이다 짧은 생을 마감하지 않았던가. 인생을 설계하는 데 있어 자신의 장점을 파악하는 것 못지않게 자신의 단점을 파악하는 것이 중요하다는 사실을 잊지 말자.

반대로 어떤 사람은 피해망상증 환자처럼 자신의 장점은 보지 못하고 단점만 본다. 이런 사람은 패배주의에 사로잡혀 비열해지고 만다. 자신에 대한 불평불만이 많아져 자학하며 자신의 모든 권리를 포기하고 남에게 의지하려고 한다. 이런 사람은 결국 노예처럼 자신의 운명을 남에게 맡겨 상처만 입고 만다.

설령 지위가 낮더라도 상관의 권위에 비굴하게 따라서는 안 된다. 부당한 압력에 굴하지 않기 위해 자신에 대한 존경심을 잃어서는 안 된다. 아무리 뛰어난 사람도 단점이 있듯이 아무리 못난 사람이라도 장점은 있는 법이다. 그러므로 자신의 권리를 위해서라도 스스로 비천하다고 생각해서는 안 된다.

자신에 대한 과대망상이나 패배주의 모두 자기 존중의 원칙에 어긋난다. 오만해지면 타인 존중의 원칙에서 벗어나 상대방의 자존심을 짓밟는 우를 범하는데 그 피해는 결국 자신에게 고스란히 되돌온다.

지나침은 모자람만큼이나 좋지 않다. 자기 존중은 이런 양극단을 피하는 중용의 원칙에 따라 다른 사람의 인격을 짓밟는 몰지각한 행동을 하지 않으면서도 자신을 진정 사랑하는 것을 말한다. 그러므로 자신을 정확히 평가하여 장단점을 파악하고 그것에 근거하여 자신의 인생을 멋지게 설계하자.

03
마음에 귀를 기울이고 자신을 믿어라

인생이란 인간 스스로 일을 저지르고,
스스로 자화상을 그려 나가는 것이다.
그 자화상 말고는 아무것도 존재하지 않는다.
―사르트르Sartre

자기 존중의 원칙에 따르기 위해서는 일단 자신을 믿어야 한다. 그래야 자신에게 충실할 수 있다. 자신감은 확신이 아니라 자신에 대한 굳건한 믿음에서 비롯되는 것으로, 무엇을 할 수 있다는 신념이자 의지의 표현이다. 그래서 그라시안은 "그대의 마음을 믿어라. 특히 그대의 마음이 확실하다면 그때는 마음에 귀를 기울이는 것에 망설이지 마라. 확실한 마음은 종종 무엇이 중요한지를 말해 준다. 그것은 그대 내면에서 들리는 예언의 소리다"라고 외쳤다.

무슨 일을 하든지 간에 자신감이 있어야 역경에 굴하지 않고 자신이 하고자 하는 바를 실행할 수 있다. 돈과 명예는 잃어버려도 언젠가 되찾을 수 있지만 자신감을 잃으면 아무것도 할 수 없어 결국 모든 것을 잃고 만다.

자신감이야말로 어떤 일을 성취하는 데 가장 소중한 자산이다. 찰리 채플린은 자신의 아들에게 "고아원에 있었을 때나 음식을 구하려고 거리를 방황했을 때도 나는 세계에서 제일가는 배우가 될 것이라 굳게 믿었단다"라고 말하였다.

채플린을 포함한 역사를 빛낸 영웅들은 모두 자신감의 화신이었다. 아무리 힘들어도 '할 수 있다'는 신념 하나로 새로운 역사의 장을 써 나갔다. 그러나 많은 사람이 자신감이 없어 지레 겁먹고 누구나 할 수 있는 일도 망설이다가 결국에는 아무것도 하지 못하고 남의 뒤꽁무니만 따라다니는 신세가 된다. 그리고 열등감에 사로잡혀 신세타령이나 하고 남을 시기하고 질투한다.

이런 암울한 처지에서 벗어나는 길은 일단 자신을 믿고 무언가를 할 수 있다는 굳건한 신념을 가지는 것이다. 이런 신념이 있을 때 비로소 불가능을 가능으로 바꿀 수 있다. 무기력한 영국을 구한 철의 여인 마거릿 대처 수상은 "이 나라를 구할 수 있는 사람은 나 이외에 아무도 없다"라는 굳건한 신념을 가지고 있었다. 대처의 이런 자신감과 확신은 영국에 힘을 불어넣었다. 이처럼 자신감은 누구도 넘볼 수 없는 일도 가능하게 한다. 그래서 인생을 살아가는

그대의 마음을 믿어라.
그대의 마음이 확실하다면
그때는 마음에 귀 기울이는 것에
망설이지 마라.
확실한 마음은
무엇이 중요한지 말해 준다.

데 있어 무언가를 할 수 있다는 자신감을 가지는 것이야말로 자기 존중의 원칙에 충실한 것이라 할 수 있다. 자신감은 거친 풍파 속에서도 자신을 지켜 주는 파수꾼이며 자신의 품격을 한층 높여 주는 지렛대이다.

그렇다고 오만해져서는 안 된다. 오만은 자기가 다른 사람보다 뛰어나다는 신념에서 비롯되는 마음으로, 자신감이 지나쳐 자신의 한계를 넘는 일마저 할 수 있다고 확신하는 것이다. 뭐든 과하면 좋지 않듯이 자신감 또한 지나치면 패망의 결과에 이르게 된다. 그러므로 우리는 오만해지지 않기 위해 분별력을 가지고 항상 자신의 한계를 알아야 한다. 절대 권력이 망하는 이유도 분별력을 상실하고 자기도취나 과대망상에 빠졌기 때문이다. 그러므로 파국으로 치닫지 않기 위해서는 자신감이 도를 넘지 않도록 신중하고 합리적으로 행동하는 현명함을 가질 필요가 있다.

또한 인생을 의미 있게 만들기 위해서는 자신감을 가지고 인생을 자기 주도적으로 설계해야 한다. 삶의 보람이나 가치도 자신이 하고자 할 때 파생되는 것이다. 반면, 자신이 하고 싶지 않은 일을 억지로 하면 고통과 절망에 빠지게 된다. 그래서 실존주의 철학자 사르트르는 "나는 홀로 결정한다"라고 하면서 스스로 자화상을 그려 나가야 한다고 강조하였다.

자기 주도적인 삶은 사르트르의 주장처럼 주어진 의무감이나 다른 사람의 지시에 따라 살아가는 것이 아니라 자기가 원하는 삶을 살아가는 것을 말한다. 그런데 자기 주도적인 삶은 당연한 것처럼 보이지만 결코 말처럼 쉽지 않다. 부담스러운 의무감과 다른 사람의 지시를 무시하고 독립적으로 살아간다는 것은 불안감을 조성하고 불편함을 감수해야 하기 때문이다. 그래서 대부분 이런 것들을 감수할 수 없어 불편한 인간관계를 유지하며 자신의 인생을 포기한 채 살아간다.

어떤 면에서는 다른 사람에게 의존하며 살아가는 것이 편안할 수 있다. 그러나 언제까지나 다른 사람에게 의존하는 것은 바람직하지 않다. 다른 사람에게 의존하는 것은 자신의 자유를 포기하는 것이다. 자유를 지키고 자신의 인생을 살기 위해서는 과감히 독립을 선포해야 한다.

그러기 위해서는 먼저 부모의 보호에서 독립해야 한다. 부모의 보호벽은 사랑이라는 이름으로 자녀를 의존적으로 만들고 정신력을 나약하게 한다. 부모에 대한 의존적인 마음을 과감하게 끊을 때 자신의 보람된 진짜 인생을 시작할 수 있다.

역사적 인물 중에는 찰리 채플린처럼 부모를 일찍 여의거나, 현대 그룹 창시자 정주영처럼 일찍이 가출한 사람이 많다는 사실을 참고할 필요가 있다. 사르트르가 "자식을 위하는 길은 아버지가 빨리 죽는 것"이라고 말한 것도 인생에서 독립이 얼마나 중요한지를 강조한 것이다.

자기 주도적인 인생을 살기 위해서는 확고한 소신이 있어야 한다. 확고한 소신이 있으면 무언가를 할 수 있지만 소신이 없으면 어느 것 하나 제대로 이룰 수 없다. 확신이 없는 사람은 확고히 밀어붙이는 힘이 부족해 세상의 눈치만 보며 적당히 현실과 타협하려고 한다. 스스로 소신이 있다고 말하면서도 다른 사람에게 비난을 받으면 의기소침해지는 사람도 이런 유형에 속한다. 이런 사람은 소신이 없어서 세상의 중요한 일을 맡을 수도, 해낼 수도 없다. 소신이 없는 사람은 암초에 부딪혔을 때 더욱 곤경에 처해 어찌할 바를 모르고 우왕좌왕하다 결국 일을 그르치고 만다.

이런 결과를 얻지 않기 위해 우리는 아는 것에 힘쓰고 의지를 키워 확고한 소신을 가지도록 노력해야 한다. 소신이 있어야 여론이 분분할 때에도 당황하지 않고 자신의 주장을 펼칠 수 있으며, 아무리 훌륭한 철학자의 말이라도 그대로 맹종하지 않고 옳고 그름을 판단하여 취사선택할 수 있다. 또한 분별력이 있는 사람은 자신의 주장을 펼칠 때에도 상대에게 확신을 주어 상대방을 설득할 수 있다.

이처럼 자신감과 소신은 자신의 위치를 확고히 하여 세찬 파도가 휘몰아치는 세상에서 자신을 세상의 중심에 서게 한다.

04
자신감에 날개를 달아라

더 나은 사람이 되고자 하는 것은 모든 사람의 공통된 욕망이다.
우리가 완전히 만족하는 일은 자연스럽지도 않고, 적절하지도 않다.
꾸준한 성장과 발전이 없다면
향상과 성취 그리고 성공이란 단어는 무의미할 뿐이다.

– 벤저민 프랭클린Benjamin Franklin

큰일을 하려면 자신감에 날개를 달아 드높은 이상을 품어야 한다. 현실에 충실하면서도 높은 이상을 가져야 하지만 그렇다고 그 이상이 허술해서는 안 된다. 이것은 위대함의 첫째 조건이다.

위대한 정신은 항상 높은 이상을 품는다. 이상이 없는 사람은 주어진 현실에 안주하지만, 이상을 가진 사람은 자신의 꿈을 실현하기 위해 전력투구한다. 때로는 운명의 장난으로 온갖 노력에도 좌절의 수렁에 빠질 때도 있지만, 그런 상황에서도 드높은 이상을 가

이상은 클수록 좋다.
이상이 크면 클수록
의지와 인내 또한 강해
이상이 높이 날아가
불멸의 명성을
얻을 수 있기 때문이다.

진 사람은 자신의 꿈을 쉽게 포기하지 않고 불멸의 의지로 한계를 극복해 낸다.

이런 사람에게는 불멸의 명성이 주어지기도 한다. 명성은 그 분야에 탁월한 자에게 주어지는 것으로 뛰어난 두뇌와 위대한 용기 그리고 불굴의 인내로 얻을 수 있다. 시대를 이끈 영웅들이나 천재들은 불후의 명성을 획득한 사람들이다. 영웅들은 위대한 용기와 불굴의 인내를 통해, 천재들은 뛰어난 두뇌를 통해 명성을 얻었다.

그래서 이상은 클수록 좋다. 이상이 크면 클수록 불굴의 의지와 인내 또한 강해 이상이 높이 날아가 불멸의 명성을 얻을 수 있기 때문이다.

하지만 중요한 사실은 드높은 이상이 현실을 저버리지 말아야 한다는 것이다. 현실성이 없는 이상은 가혹한 심판을 받게 된다. 드높은 이상을 가지되 그것이 현실에 뿌리내릴 수 있도록 깊이 생각하고 끊임없이 행동해야 한다.

드높은 이상을 실현하고자 할 때 위대한 인물을 본보기로 삼는 것도 좋은 방법이다. 위대한 인물은 다른 사람에게 인생의 지혜를 줄 뿐만 아니라 자극제 역할을 한다. 그래서 그들은 많은 사람의 존경을 받으며 지금까지도 칭송받고 있다. 그들이 칭송받는 이유를 살펴보고 그것을 본보기로 삼는다면 인생에서 더 이상 길을 잃지 않을 것이다.

하지만 위대한 사람을 자신과는 다른 너무도 특별한 사람이라고 생각하지는 말아야 한다. 영웅 숭배는 자칫 자신을 부정하는 모순에 빠지게 한다. 자신도 위대한 영웅이 되고 싶다면 그들을 단순히 귀감으로만 생각하여 우러러볼 게 아니라 자신을 영웅으로 생각하고 영웅들과 경쟁하려고 노력해야 한다. 그래서 자신에게 자신의 면목을 세워야 한다.

위대한 인물 중에는 보통 사람이 가지지 못한 지혜를 가져 세상의 난관을 극복하거나, 누구도 꺾을 수 없는 불굴의 의지와 용기를 가져 시대를 뛰어넘은 사람도 있고, 타고난 감성적 지능을 이용하여 위대한 예술을 창조한 사람도 있다. 그뿐만 아니라 사람을 다루는 기술이 뛰어나거나 사람을 이끄는 힘이 대단하여 천하를 지배한 사람도 있다. 우리는 이런 위대한 인물들의 삶을 통해 어려운 현실을 극복할 수 있는 희망과 지혜를 얻도록 노력해야 한다.

05

한 가지 재능을 집중 계발하라

무언가 뛰어난 기능을 가진 사람은 그것을 쉽게 발휘할 수 있을 때까지,
또는 더 이상 진보나 향상의 여지가 없다고 말할 수 있을 때까지
그것을 실제로 발휘하는 것을 즐거움으로 삼는 법이다.
그런 행동에 대한 동기는 유년 시절에 싹튼다.

— 러셀Russell

이상을 실현하고자 한다면 반드시 재능 있는 일을 하도록 힘
써야 한다. 심리학자 하워드 가드너는 인간이 하나의 재능만 가지
고 있는 것이 아니라 다중 지능을 가지고 있다고 했다. 가드너의
분석처럼 인간이 다양한 재능을 가지고 있기는 하지만 모든 것에
뛰어난 재능이 있는 것은 아니다. 다빈치처럼 다양한 분야에 재능
이 있는 사람도 있지만 그렇지 않은 경우가 훨씬 많다. 또한 무슨
능력을 갖고 있는지 알지 못할 정도로 재능이 잘 드러나지 않는 사

람도 있다. 또한 천부적으로 뛰어난 재능이 있는 사람이 있는가 하면 그렇지 않은 사람도 있다. 비록 개인마다 차이가 있더라도 자신에게 어떤 재능이 있는지를 알고 이것을 더욱 발전시키는 것은 중요하다. 그래야 자신의 부가가치를 높일 수 있다.

그러나 노력하면 재능의 차이는 어느 정도 극복할 수 있다. 재능의 차이가 미미할 때는 노력으로 성패가 뒤바뀐다. 그러므로 재능이 있다고 방심해서도 안 되며 재능이 좀 모자란다고 해서 포기해서도 안 된다. 인간의 재능은 노력에 따라 무궁무진하게 계발될 수 있다.

그런데 문제는 많은 사람이 자신의 재능이 무엇인지 잘 알지 못할 뿐만 아니라 알고 있으면서도 방치하거나 편하게 살기 위해 일찍부터 세상과 타협한다는 점이다. 어떤 사람들은 뛰어난 재능을 가지고 있는데도 그것을 보지 못하고 다른 사람의 재능을 부러워하기만 한다.

천재들은 자신이 가지고 있는 재능에 자부심을 가지고 세상에 굴하지 않고 불굴의 의지로 자신의 끼를 발휘하여 불후의 업적을 남긴 사람들이다. 불행하게도 살아 있을 당시에는 인정받지 못하고 고생만 하다가 쓸쓸히 죽은 천재들도 있지만 말이다. 이는 시대가 그들의 천재성을 따라가지 못해 그들을 알아보지 못했기 때문이다.

자신의 재능을 알고 이를 발현하려고 노력할 때 주의할 점은 팔

천재들은
자신이 가지고 있는 재능에
자부심을 가지고
세상에 굴하지 않고
불굴의 의지로 자신의 끼를 발휘하여
불후의 업적을 남긴 사람들이다.

방미인이 되려고 하지 말아야 한다. 자신에게 다양한 재능이 있다는 사실을 발견했을때 다양하게 많은 것을 해 보고 싶은 욕망이 생기는 것은 당연하다. 하지만 레오나르도 다빈치처럼 모든 분야에 뛰어나고 성공을 거두는 것은 그야말로 큰 행운이라 할 수 있다. 많은 것에 손을 대면 두뇌와 체력을 너무 소진하기만 하고 하나도 제대로 해내지 못하는 결과만을 얻게 된다. 그러면 만능이라고 인정받기보다는 오히려 무능력자로 낙인찍힐 수 있다. 게다가 팔방미인이 되려는 시도는 다른 사람의 눈에는 욕심이 많은 것처럼 비쳐져 주변 사람의 시기와 질투, 미움을 받게 되어 나쁜 결과만을 얻게 된다. 그러므로 잘나갈 때 대책없이 일을 벌이지 말고 자제하는 편이 좋다. 늘 가능성은 열어 두어야 하지만 모든 것을 하려고 열정을 소진해서는 안 된다. 하고 싶은 여러 가지 일 중 하나를 택했으면 그것에 전념해야 하며 다른 일은 일단 제쳐 놓아야 한다.

여러 가지를 하기보다 자신이 하던 일에 전념하는 편이 장기적으로 볼 때 훨씬 바람직하다. 능력과 열정을 여러 곳에 분산시켜 소진하지 않고 한곳에 몰입하면 능력을 더욱 크게 키울 수 있기 때문이다. 욕심부리지 않고 한 분야에서 최고가 되는 것, 이것이 바로 사람들로부터 높은 평판을 얻는 가장 좋은 길이다.

모든 사람이 각자 자신의 재능을 발휘할 수 있는 사회를 만들기 위해서는 "네"라는 대답을 강요해서는 안 된다. 이는 인간을 위대하게 하는 독창성과 창의성을 죽이는 일이다. 예스맨은 자신의 독창적인 생각이 없는 사람이며 그저 권력자에게 비위를 맞추는 무능력한 존재일 뿐이다. 권위에 굴하지 않고 재능을 살리는 일을 하여 자신의 길을 가는 것이야말로 무능력에서 탈출하는 길이다.

남보다 뛰어난 재능은 외적인 기술뿐만 아니라 내적인 인격도 포함한다. 자신을 갈고닦아 인격을 수양하는 것도 세상에서 두각을 나타낼 수 있는 방법이다. 인격은 사람들을 모이게 하는 힘을 가지지만 중상모략은 사람들로 하여금 등을 돌리게 한다. 그래서 벤저민 프랭클린은 "인간의 모든 열망 가운데 훌륭한 성품을 키우고 선행의 능력을 향상하는 일보다 더 숭고하고 위대한 것은 없다"라고 하였다.

06
모험을 즐기고 실패를 두려워하지 마라

실패한 후에 성공이 따르는 법이니,
일이 뜻대로 되지 않는다고 해서 즉시 그 일에 손을 떼지 않도록 주의해야 한다.
– 홍자성洪自誠

자신의 역량을 키우기 위해서는 누구도 가지 않은 길을 가려
고 해야 한다. 인류 역사에 발자취를 남긴 사람 중에는 감히 다른
사람이 발을 들여놓으려 하지 않았던 길을 갔던 사람이 많다. 이들
은 누구도 가 보지 못한 훌륭한 인생을 살았다. 그래서 레오나르도
다빈치는 "낯선 것에 도전하라"고 하였다.

그런데 우리는 미지의 세계를 탐험하기보다는 안전한 길을 택한
다. 미지의 세계로 나아가는 것은 위험하다고 생각해 의심스러운

길을 피하고, 자신이 알고 있는 안전한 길만 가려고 한다. 자기 보전을 위해서 위험보다는 안전을 선호하는 것이다.

그러나 안전한 길로만 간다면 성장의 기회가 되는 신비로운 체험을 할 수 없고 인생을 따분하게 보낼 가능성이 크다. 이런 지루한 인생은 인생에서 느낄 수 있는 흥미진진함을 경험할 수 없다.

훌륭한 삶을 살기 위해서는 미지의 세계에 대한 호기심을 버려서는 안 된다. 우리는 타성을 버리고 미지의 세계에 과감히 뛰어들어가 볼 필요가 있다. 가 보지 않은 미지의 세계는 아름다운 여인처럼 마음을 설레게 하는 흥미로운 일들이 가득하다. 그러므로 좀 더 멋진 인생을 원한다면 용기를 내어 과감히 미지의 세계로 뛰어들어야 한다.

미지의 세계로 나아갈 때는 실패를 두려워하지 말아야 한다. 사실 실패는 피할 수 없을지 모른다. 미지의 세계로 가는 과정에서 아무리 철저히 준비해도 전혀 예측하지 못한 상황이 발생하기 마련이다. 콜럼버스가 신대륙을 발견하고도 그것을 인도라고 착각한 것도 누구도 가 보지 않은 곳이었기 때문이다.

하지만 실패한 다음에 성공이 따르는 법이다. 실패가 없으면 아무것도 배울 수 없다. 실패로 말미암아 한층 분발하여 이후에는 새로운 발견에 도달할 수 있다. 실패하면 할수록 실패의 확률은 줄고 점점 삶의 지혜에 접근하여 성공할 기회가 늘어난다. 공자가 "잘못을 저지르고도 이를 고치지 않는 것, 그것이 잘못이다"라고 한 것

성공이란
실패를 거듭해도
열정을 잃지 않는 것이다.

도 실패했을 때 부끄러워하지 말고 그것을 고치려고 하면 훗날이 보장된다는 점을 강조한 것이다. 자신의 실수를 알고도 남들의 시선이 두려워 이를 감추고 고치려고 하지 않는다면 이것이야말로 씻을 수 없는 잘못이다. 결과적으로 성공은 멀어지게 된다. 실패를 거울삼아 실수를 고칠 때 비로소 성공이 보장된다는 사실을 잊지 말아야 한다.

실패를 겪어야 일을 쉽게 생각하고 업신여기는 마음과 향락에 빠지는 사치한 마음을 없앨 수 있다. 그렇기 때문에 실패를 두려워하거나 좌절할 필요가 없다. 실패는 노력만 한다면 언젠가는 극복되기 마련이며 극복하는 순간 영광이 찾아올 것이다. 영국의 수상 처칠은 "성공이란 실패를 거듭해도 열정을 잃지 않는 것이다"라고 말하였다.

그렇다고 일부러 실패해 보라는 말은 아니다. 되도록 실패하지 않는 편이 좋다는 것은 두말할 나위가 없다.

실패를 줄이고 큰 낭패를 보지 않으려면 좋지 못한 일이 일어났을 때 가벼이 여겨서는 안 된다. 재앙은 재앙을 낳아 큰 불행으로 이어진다. "한 번의 대실패, 대형사고, 멸망으로 가는 길은 300개의 징후를 달고 다닌다"는 말을 명심하고, 일을 하면서도 늘 세심한 주의를 기울여 제2, 제3의 재앙이 닥치지 않도록 철저히 감시해야 한다. 작은 구멍이 생겼을 때 그 원인을 파악하여 근본적인 문제를 해결하면 다가올 불행을 막을 수 있지만, 이를 방치하면 돌이킬 수 없는 결과를 초래하게 되기 때문이다. 한비자는 "옛말에 '어떤 일이든 조그만 한 징조가 보이면, 우물쭈물하지 말고 결단을 내리지 않으면 안 된다'고 하였다"라고 말했다.

남이 가지 않은 길을 용기 내어 갈 때 무엇보다 중요한 점은 만반의 준비를 하고 첫걸음을 떼어야 한다는 것이다. 아무런 준비도 없이 자신이 잘 모르는 일에 함부로 뛰어든다면 재기 불능의 상태에 빠질 수도 있기 때문이다. 현명한 사람은 실패로 인해 재기 불능의 상태에 빠지지 않기 위해 사전에 신중을 기한다.

07
용기가 없다면 아무것도 얻을 수 없다

지혜로운 자는 당황하지 않고,
어진 자는 근심이 없으며,
용기 있는 자는 두려움이 없느니라.

－공자孔子

아무리 사전에 만반의 준비를 한다고 해도 언제든 갑자기 거대한 태풍이 몰아쳐 삶을 최악의 상황으로 몰고 갈 수 있다. 언제라도 최악의 경우가 발생할 수 있기 때문에 사람들은 새로운 길을 가기를 두려워한다. 하지만 두렵다고 피한다면 아무것도 이룰 수 없다. 그러므로 두려움을 뛰어넘을 수 있는 용기를 길러야 한다.

용기는 지혜 다음으로 중요하다. 강철 같은 마음이 없으면 전쟁터 같은 세상에서 한 발짝도 앞으로 나아갈 수 없다. 용기가 없다면 인생의 먹구름이 조금만 나타나도 낙심하여 뒤로 물러나게 될 것이다. 다가오는 재앙에 굴복하지 않고 당당하게 나아가기 위해서는 용기가 반드시 필요하다. 목적을 이루는 순간까지 절대 실망하지 않으며 꿋꿋이 나아갈 때 행운의 여신이 미소 짓는다.

평상시에는 착실하고 충실하면 누구나 무슨 일이든 훌륭히 해낼 수 있다. 하지만 어려움에 부닥치면 배짱이 없는 사람들은 세파에 밀려나고 만다. 비범한 재능을 가졌다 해도 꺾이지 않는 용기를 지니지 못했다면 재능을 제대로 펼쳐 보지도 못하고 삶을 마감하게 된다.

그러나 배짱이 두둑한 사람은 어려운 일에 부딪히면 감히 누구도 흉내 낼 수 없는 놀라운 힘을 발휘하여 어려움을 헤쳐 나간다. 카이사르가 로마의 일인자로 등극할 수 있었던 이유도 죽음을 두려워하지 않고 루비콘 강을 과감히 건넜기 때문이다. 시대의 영웅들은 필요한 경우에는 자신을 버려서라도 세상을 구하고자 한다. 난세에 영웅이 나타나는 원인도 어려울 때일수록 용기와 배짱이 진가를 발휘하기 때문이다. 그러므로 천하를 얻는 영웅이 되고 싶거든 두둑한 배짱을 지녀야 한다. "두렵다는 생각에 겁을 먹는 것이야말로 우리가 가장 두려워해야 할 것이다"라는 루스벨트의 말을 언제나 기억하라.

그럼 용기를 지니기 위해 어떻게 해야 할까? 반대 의견에 부딪히는 상황을 두려워해서는 안 된다. 세상 어디나 여당과 함께 야당이 존재한다. 자신이 어디를 지지하느냐에 따라 모든 것이 옳은 것이 되기도 하고 반대로 그른 것이 되기도 한다. 그래서 반대에 부딪혀도 일단 소신껏 밀고 나가는 용기가 중요하다.

설령 대다수가 반대한다고 해도 기가 죽을 필요는 없다. 다수가 항상 옳은 것은 아니니 말이다. 오히려 인류의 역사를 돌이켜 보면 소수의 천재가 진리를 발견해 왔다. 다수는 편안함을 좋아하여 스스로 진리를 찾기보다 대다수 의견을 지지한다. 반면, 소수의 사람은 진리를 위해 열정을 불살랐다.

그런데 다수는 자신들의 의견과 맞지 않으면 다수의 원칙에 벗어났다며 목소리를 높인다. 하지만 역사를 보면 진리는 어리석은 대중의 편이 아니었다. 언제나 몇 사람의 소수에 의해 진리가 밝혀졌다. 그러므로 어리석은 대중보다는 올곧은 소수와 생각을 같이 하는 편이 낫다.

그렇게 하기 위해서는 세상에 굴하지 않는 용기가 필요하다. 용기를 가지고 다수의 반대에 맞서 자신의 생각을 펼치며 때를 기다리다 보면, 비록 소수지만 반드시 알아주는 사람이 나타나기 마련이다. 때를 기다릴 때에도 그것을 너무 드러내지 않도록 조심해야 한다. 그렇지 않으면 자신의 생각이 꽃을 피우기도 전에 지고 마는 운명을 맞이할 수 있다.

절대 권력을 가졌던 교회가 지배하던 살벌한 세상에서 지동설이 세상에 알려질 수 있었던 것도 코페르니쿠스가 자신의 생각이 드러나지 않도록 조심스럽게 행동했기 때문이다. 만일 자신의 생각이 옳다고 생각하여 만인에게 그것을 말하였다면 그는 그의 생각이 책으로 출판되기도 전에 서슬 퍼런 교회의 칼에 목숨을 잃고 말았을 것이다. 그래서 스피노자는 "고귀한 모든 것은 매우 드물고도 어렵다"고 하였다.

용기 있는 행동을 하기 위해서는 결단력이 필요하다. 우유부단하여 때를 놓쳐서는 안 되며 시기를 포착하여 과감하게 판단을 내려야 한다. 기회는 사람을 기다려 주지 않는다. 기회가 왔는데도 좀처럼 결정하지 못하고 이리저리 재며 망설이면 기회는 어느새 날아가 버린다. 하지만 결단력이 있어도 선택할 수 있는 능력이 없다면 결단력은 오히려 최악의 상황을 불러올 수 있다. 결정할 때 최악의 카드를 빼들 수 있기 때문이다. 그러므로 결단력이 날개를 달려면 옳은 선택을 할 수 있는 능력이 반드시 뒷받침되어야 한다. 그런데 이러한 능력은 많이 배운다고 해서 생기는 것은 아니다. 오히려 학식이 많은 사람보다 학식이 적은 사람이 올바른 선택을 할 때가 더 많다. 세상일을 판단하는 데는 학식보다는 감각이 필요하기 때문이다.

결단력의 부족은 자신감이 없거나 의지가 박약하여 행동력이 떨어지기 때문에 발생하는 경우가 많다. 결단력이 없고 우유부단한 사람은 외부의 자극이 없는 한 스스로 움직이려 하지 않는다. 그렇게 망설이는 사이 기회는 경쟁자에게 넘어가고 만다. 이런 불행한 사태를 막기 위해서는 자신감과 강인한 의지를 키워 우유부단함을 없애고 결단력을 길러야 하겠다.

위대함이란
남들이 회피하거나 도망갈 때
앞으로 나아가
더 큰 것을 받아들이는 배포가 있을 때 탄생한다.
물러서지 마라.
그래야 큰사람이 될 수 있다.

또한 배포 있는 사람이 되어야 한다. 천성적으로 소심한 사람은 갑자기 큰 행운이 찾아와도 당황스러워 어떻게 해야 할지 모른다. 그들에게는 큰 것을 받아들일 마음의 공간이 없다. 그들은 작은 것에 연연하여 큰 것을 놓쳐 버린다. 삼국지에 등장하는 대장군 하진은 환관을 제거하기 위해 몇 사람을 제거해 놓고 일이 커지자 지레 겁먹어 일을 중단했다. 이로 인해 하진은 환관을 제거할 수 있는 절호의 기회를 놓쳐 버렸고, 도리어 환관에게 역공을 당하여 참수당하는 비극을 맞이하고 말았다. 공자는 "겉으로는 꽤 위엄 있는 척하면서 마음이 유약하기 짝이 없는 것을 소인에 비유한다면 담벼락을 뚫고 담을 넘는 좀도둑과 같다"라고 하였다.

반면, 배포가 있으면 더 큰 것을 받아들일 마음의 공간이 존재해 작은 것에 집착하지 않으며 커다란 기회가 와도 당혹스러워하지 않는다. 특히 위험한 일이 벌어져 사람들이 도망가거나 관망하고 있을 때도 사생결단으로 나서 결국 큰 명성을 거머쥔다. 하진 밑에 있던 조조가 하루아침에 큰 나라의 주인이 될 수 있었던 원인도 홀로 동탁을 제거하려는 배포가 있었기 때문이다.

위대함은 남들이 회피하거나 도망갈 때 앞으로 나아가 더 큰 것을 받아들이는 배포가 있을 때 탄생한다. 특히 의로운 일을 행하기 위해 위험을 무릅쓰고 앞장서는 것이야말로 진정한 용기이다. 우리는 소심함을 버리고 위험까지도 끌어안는 배포 있는 사람이 되도록 노력해야 한다. 그래야 큰사람이 될 수 있다.

08

인내하라, 그러면 이룰 것이다

쓸쓸한 모습은 번성한 가운데 있고,
새로 자라나는 움직임은 시듦 속에 있으니,
군자는 편안할 때 마음을 바로잡아 후환에 대비해야 하고,
어려운 처지에 놓여 있을 때는
백번을 참고 견디어 성공을 도모해야 한다.
－홍자성洪自誠

모든 행동에는 인내가 따라야 한다. 지혜를 쌓는 데에도, 용기 있는 사람이 되는 데에도 인내는 필요하다. 그만큼 살아가는 데 있어 인내가 중요하다. 그것은 세상이 그만큼 녹록지 않다는 반증이기도 하다.

너도나도 '자유'를 부르짖지만, 세상에서 자기 뜻대로 되는 일은 그리 많지 않다. 아무리 노력해도 세상은 자신의 뜻대로 돌아가지 않는다. 그래서 살아가는 데는 인내가 반드시 필요하다.

사람들은 가난하면 자신을 탓하고 세상을 원망할 뿐 가난을 벗어나기 위해 노력하지 않는다. 그래서 아무리 재능이 있는 자라도 인내가 없다면 아무것도 성취하지 못한다. 절망 속에서도 비관하지 않고 참고 인내하여 꿋꿋이 희망의 불씨를 지피는 사람이야말로 승리의 기쁨을 누릴 수 있다. 《불경》에서는 "참는다는 것은 매우 힘든 수행 중의 하나이지만 잘 참아 내는 사람만이 최후의 승자가 된다"고 하였다.

그러면 인내는 어떻게 기를 수 있을까? 인내는 자연을 통해서 배울 수 있다. 특히 문명이 발달하지 않은 오지의 삶은 자연과의 투쟁이라고 해도 과언이 아니다. 도시 사람보다 농촌 사람들이 강인한 힘을 가지는 이유는 자연과의 투쟁을 통해 인생에 꼭 필요한 인내를 길러 왔기 때문이다. 역사를 둘러보아도 많은 성공한 인물들이 험악한 환경에서 고생하며 일어났다.

도시의 삶은 편리함을 제공하지만 한편으로는 인간을 나약하게 만든다. 오히려 문명이 닿지 않는 오지나 시골에서의 삶이 '인내'라는 인생의 보약을 가져다준다.

또한 인내는 우리가 역경의 한가운데 있을 때 길러진다. 맹자는 "큰일을 하려면 반드시 커다란 고난을 헤쳐 가야 한다", "큰일을 할 때는 하늘이 반드시 마음을 괴롭게 하고, 근육을 아프게 하며, 배를 굶주리게 하여 더 이상 물러설 곳이 없게 한다"라고 하였다. 역경은 인간으로 하여금 인내하게 하고 마음을 분발하게 하여 지금까지 해내지 못한 일을 할 수 있게 한다. 어려움에 처했을 때 그것을 벗어나기 위해 끊임없이 노력해야 하므로 자신도 모르는 사이에 불굴의 의지와 함께 인내력이 생겨난다. 공자가 제자 안회를 현자라 한 것도 안회는 밥 한 공기, 물 한 대접을 먹으며, 좁고 누추한 골목에 살면서도 그것에 굴하지 않고 학문에 정진했기 때문이다.

역경으로 길러진 불굴의 의지와 인내력은 어떤 난관도 뚫게 하는 추진력이 되어 보통 사람을 영웅으로 만든다. 절대 권력을 상징하는 루이 14세도 험난한 인생의 학교에서 성장했다. 그는 어린 시절 시가전이나 야영 생활 등을 겪으며 스스로 강해지지 않으면 살아남을 수 없다는 사실을 뼈저리게 깨달았다. 그래서 루이 14세는 절대 권력을 쥘 수 있었다.

반면, 곤경에 처하지 않고 평탄하게 자란 사람은 처음에는 두각을 나타내더라도 나중에는 안일한 생활에 젖어 몸과 마음이 나약해져 결국에는 무능한 인간이 되기 쉽다. 그래서 송나라 학자 정이는 "소년 시절에 과거급제하고, 부모 형제의 권세가 대단하고, 재능과 문장이 뛰어난 것, 이것이 인생의 세 가지 불행이다"라고 하였다.

토인비는 인간의 문명은 자연적, 인간적인 역경을 극복하면서 형성된 것이라고 주장하였다. 그는 도전이 약하면 응전이 제대로 이루어지지 않아 문명이 발생하지 않고, 반대로 도전이 너무 가혹하면 잉태한 문명조차 유산된다고 했다. 그는 가장 이상적인 도전

절망 속에 있으면서도 비관하지 않고

참고 인내하여

꿋꿋이 희망의 불씨를 지피는 사람이야말로

승리의 기쁨을 누릴 수 있다.

은 과부족의 중간인 '중용적인 도전'이라고 했다. 그러므로 인생의 보약이 되는 인내력을 기르려고 한다면 편안한 삶에 집착하지 말고 기꺼이 고생을 감수하며 쇠처럼 자신을 담금질해야 한다.

또한 인내를 기르기 위해서는 무엇보다 모욕을 참을 줄 알아야 한다. 사람들은 모욕을 받으면 자존심에 심한 상처를 입는다. 그래서 모욕을 받으면 분노하게 되고 때로는 목숨을 건 싸움을 하기도 한다. 하지만 모욕을 참으면 모든 것을 포용할 수 있는 능력을 기를 수 있다. 그리고 이를 통해 좋은 결과를 얻게 된다.

한나라 명장 한신이 젊은 날 자신을 놀리는 건달들에게 폭력을 휘두르지 않고 건달들의 가랑이 사이로 기어들어 간 것은 살인자라는 누명을 쓰지 않고 자신의 큰 뜻을 이루기 위해서였다. 간디 또한 인도인이라는 이유만으로 영국인에게 갖은 모욕과 박해를 받았지만 "악을 덕으로 갚는다"는 종교적 신념에 따라 참고 인내하며 때를 기다려 인도의 독립을 쟁취하였다. 월나라 임금 구천은 오나라와 싸워 패했을 때 오나라 조정에 들어가 임금인 부차가 외출할 때면 스스로 창과 방패를 들고 호위하면서 충실한 개 노릇을 하였기 때문에 나중에 고소에서 부차를 죽이고 원수를 갚을 수 있었다.

그러므로 비록 심한 모욕을 받더라도 앙갚음하는 데 목숨 거는 어리석음을 범하기보다는 모욕을 참는 현명함을 갖춰야 한다. 모욕을 참는 것 또한 후일에 큰일을 이룰 수 있는 원동력이 된다.

제4부

자신의 품위를 지키는 길

상대를 헤아려 행동하라

'누구도 사랑하지 않고 누구도 미워하지 않는다'는 인간학의 전반부며,
'아무것도 말하지 않고 아무것도 믿지 않는다'는 인간학의 후반부다.
— 쇼펜하우어Schopenhauer

자기를 보전하고 자신의 품위를 유지하기 위해서는 쉽게 사람을 믿어서는 안 된다. 사람을 너무 믿으면 다른 사람에게 상처받고 이용당하기 쉬워 자신의 이미지를 망치게 된다. 그래서 아무리 상대방의 이미지가 좋아도 무조건 믿으려 해서는 안 된다.

인간은 성인들이 말한 것처럼 이성적이지도 선하지도 않다. 인간은 누구나 선과 악을 넘나들며 다면적인 얼굴을 가지고 있다. 완전히 선한 인간도 완전히 악한 인간도 없다. 선한 경향을 가진 사람과 악한 경향을 가진 사람이 무수히 존재할 뿐이다. 그래서 누군가를 한 단어로 규정하는 것은 불가능하다.

인간은 유전자에 의해 선천적으로 만들어지기도 하며 환경에 영향을 받기도 한다. 게다가 상황에 따라 다른 본능이 작용한다. 평화로운 상태에서는 선한 기운이 강해지고, 치열한 경쟁 속에서는 살아남기 위해 보호 본능이 강해지며 악한 기운이 감돈다.

인간의 본성이 문명에 길들여진 욕망 때문에 이기적인 성향으로 급격히 기울었다는 루소의 해석이 합리적이라고 본다. 인간은 자연 상태에서는 살아남기 위해 서로 협력해야 했지만, 문명이 발달한 지금에 와서는 생존을 위한 자신만의 비결이 곧 경쟁에서 살아남을 수 있는 무기가 되었다. 그래서 경쟁이 치열해질수록 인간관계는 악화일로로 치닫는다.

이제 사람들은 자기 본위로 세상을 보면서 '자기'와 관련되지 않은 것은 관심을 가지려 하지 않는다. 한비자는 "관을 만드는 장인은 사람들이 모두 빨리 죽으면 좋겠다고 생각한다. 하지만 이는 사람을 증오하는 것이 아니라 사람이 죽으면 자신이 이익을 얻기 때문이다"라고 말하였다. 현대인도 마치 관을 만드는 장인처럼 자신의 이익을 최우선으로 생각한다.

하지만 우리에게 경쟁에서 이기기 위해 다른 사람을 해하고자 하는 악한 마음만 있는 것은 아니다. 다른 사람과 함께하려는 선한 본성도 있다. 이런 본성 때문에 다사다난한 가운데서도 어느 정도 평온함을 유지할 수 있다.

또한 사람마다 선악의 정도는 제각기 다르다. 어떤 사람은 착한 반면, 어떤 사람은 매우 악하다. 그렇다고 선한 사람이 항상 선한 것은 아니며 때로는 악한 사람으로 둔갑하기도 하고, 악한 사람도 순전히 악하기만 한 것이 아니라 때로는 선한 사람이 되기도 한다. 선한 지킬 박사가 악한 하이드가 되기도 하고, 악한 하이드가 다시 선한 지킬 박사가 되듯이 말이다. 사람들은 모두 선악을 넘나들며 살아간다. 경쟁적인 사회구조로 인해 사람들이 착하고 선하기보다 경쟁적이고 악한 경향이 강하지만, 사람마다 차이가 있다.

문제는 자본주의 사회가 인간성을 극도로 혼탁하게 만든다는 것이다. 문명이 발달하면서 인간의 욕망은 갈수록 커지고 있다. 특히 요즘과 같이 경쟁과 이익을 탐하는 자본주의 사회는 인간성을 말살시킨다. 이런 사회에서 사람을 전적으로 믿는 것은 어리석은 일이다. 이익을 탐하는 사회에서 사람들은 저마다 자신의 이익을 위해서 수단과 방법을 가리지 않기 때문이다. 사람이 거짓말을 하는 것이 아니라 탐욕과 돈이 거짓말을 한다고 볼 수 있다. 그래서 아무리 착한 사람이라도 상황에 따라 언제 돌변할지 모르므로 항상 주의해야 하며 경계를 늦추어서는 안 된다. 자기 보전을 위해서는 한편으로는 믿음을 주면서도 한편으로는 경계를 해야 한다.

세상이 이러한데도 인권주의자들은 지나치게 인간에 대해 낙관하는 어리석음에 빠져 있다. '인권'을 운운하며 아무런 대안도 없이 폭력을 휘두르는 학생들의 체벌을 금해야 한다고 주장하고, 다른 사람의 생명을 마구 짓밟는 살인까지도 사형에 처하지 말라고 주장한다. 이런 인권주의자들은 모순에 빠져 있다. 이들은 다른 사람에게 피해를 준 사람들의 인권만 생각했지, 피해를 본 사람들의 인권은 전혀 고려하지 않은 것이다. 이런 인권주의자들의 허황된 논리에 따르다 보면 세상은 제대로 돌아갈 수 없으며 타인 존중의 원칙이 무너져 모두에게 피해가 오는 암울한 상황이 전개될 것이다. 아이들의 폭력이 난무하고 어른들의 강력 범죄가 끊이지 않는 상황도 엄밀히 말하면 인간에 대한 낙관적 기대에서 비롯되었다.

이런 비극이 되풀이되지 않기 위해서는 인간에 대해 낙관적 기대는 하지 말아야 한다. 다른 사람의 인권을 짓밟은 사람에게 관용을 베풀어 용서하기보다는 한비자의 주장처럼 엄한 벌로 다스려야 한다. 벌을 가볍게 하면 사람들로 하여금 법을 우습게 생각하게 해 범법자를 양산하고 만다. 이는 결국 모든 사람에게 피해를 가져다준다. 한비자는 "죄를 범하고도 이를 벌하지 않는다면, 이는 온통 죄를 짓도록 내버려 두는 것이나 마찬가지다"라고 하였다.

쇼펜하우어는 남을 믿고 의지하는 것은 우리 자신의 게으름과 이기심 그리고 허영심에서 비롯된다고 말했다. 자신이 행하는 것이 귀찮아 남을 믿고 의존하려는 행동은 게으름에서 비롯된 것이

오직 어진 자만이
남을 제대로 사랑할 수 있고,
남을 제대로 미워할 수 있다.

며, 자신의 편의를 위해 남을 믿는 것은 이기주의에서 비롯되었고, 무작정 상대방을 신임하여 맡기려는 것은 자기를 과시하려는 허영심에 비롯되었다는 것이다.

그러나 어떤 방식으로든 남을 믿고 의지하면 큰 화를 자초할 수 있다. 다른 사람에게 의존하는 것은 고양이에게 생선을 맡기는 것과 같다. 아무리 선량한 사람도 끝까지 순수한 마음으로 정성을 다하기는 어렵다. 선량한 사람도 인간이기에 언제든 자신을 먼저 생각하기 때문이다. 지나치게 남을 믿고 의지하는 것은 결국 스스로 패망에 이르는 길을 선택하는 셈이다. 루이 14세는 "나라를 다스리는 일은 남에게 맡겨서는 안 된다. 정치에 관한 모든 일은 자신이 직접 결정해야 한다"라고 하였다.

설령 믿고 맡기더라도 사전에 그 사람의 말과 행동의 결과를 반드시 확인할 필요가 있다. 말과 행동은 일치해야 하며, 또한 말한 것과 그 결과가 일치해야 한다. 그렇지 않으면 혼란과 부정의가 발생한다. 벤저민 프랭클린은 "일꾼을 감시하지 않는 것은 지갑을 열어 두는 것과 같다"라고 하였다. 말은 그럴듯한데 행동과 결과가 다르다면 그것은 사기에 지나지 않는다. 처음에 한 말과 그 후의 결과를 확인하지 않으면 결과가 좋지 못한 사람에게 상을 주고, 말과 행동의 결과가 일치한 사람에게 벌을 주는 잘못을 저지를 수 있다. 말을 행동으로 옮기고 성과를 나타낼 때 그 말은 진정한 가치와 의미를 가진다. 그러므로 어떤 사람에게 일을 맡길 때는 사전에 말과 행동의 결과를 반드시 확인해야 한다.

　이때 주의해야 할 점은 상대방을 믿을 수 없다고 하여 이를 내색해서는 안 된다. 상대방을 사기꾼으로 몰지 말아야 한다. 그리고 누구든 영원히 사랑하지도 미워하지도 말아야 한다. 오늘의 가장 큰 적이 내일은 제일 친한 친구가 될 수도 있고, 오늘의 가장 친한 친구가 내일은 가장 큰 적이 될 수 있다. 사랑이 배신하면 증오를 잉태하는 법이다. 그러므로 누구를 진정으로 사랑한다고 해도 모든 것을 내비쳐서는 안 된다. 그것은 배신한 친구에게 자신의 약점을 보여 공격 무기를 쥐어 주는 셈이다.

　설사 적이라 해도 그를 언제든 받아들일 열린 마음을 가져야 한다. 적도 언젠가는 동지가 될 수 있다. 복수는 모두에게 많은 고통을 가져다준다. 그러므로 적에게도 관용의 문을 열어 주어야 한다. 만남은 곧 헤어짐을 의미한다는 불교의 가르침을 항상 곱씹어 볼 필요가 있다.

　또한 자신을 온전히 보존하기 위해서는 원수를 함부로 사랑하지 말아야 한다. 예수는 "원수까지도 사랑하라"고 가르쳤지만, 원수를 사랑하는 것은 목숨을 위태롭게 할 수 있다. 만약 원수가 도덕성조차 없는 냉혈한이라면 더욱 문제가 된다. 이런 사람은 자신의 잘못은 보지 못하고 남의 잘못만 보기 때문에 상대의 선의의 충고도 결코 받아들이지 않고 오히려 공격을 한다.

　그러므로 사실상 "원수를 사랑하라"는 말은 현실과는 너무나 거리가 멀다. "원한은 정당한 것으로 갚되, 은덕은 은덕으로 갚아야 한다"는 공자의 말이 원수를 사랑하라는 말보다 더 현실적으로 다가온다. 은혜는 은혜로 갚을 수 있으나 원한은 원한으로 갚을 수 없으니 정당한 행위로 원수를 갚을 수밖에 없다.

도저히 화합할 수 없는 원수라면 원수를 사랑하기보다는 원수를 피하는 편이 현실적인 방법이다. 물론 그보다 더 좋은 방법은 원수를 만들지 않는 것이다. 원수를 만들지 않기 위해서는 상대방을 무시하지 말고 항상 따뜻하고 공손하게 대해야 한다. 아무리 악한 인간도 따뜻한 마음으로 대하면 악함이 어느 정도 누그러지는 법이다. 하지만 무시한다는 느낌을 조금이라도 받으면 악한 본능이 고개를 들고 공격하기 마련이다. 그래서 악한 인간을 대할 때는 유비가 갈 곳 없는 여포를 형님으로 대한 것처럼 최대한 공손한 마음으로 대하는 것이 좋다.

그러나 다른 사람에게 잘해 주는 것이 좋다고 하여 상대방에게 지나치게 애정을 쏟는 것도 좋지 않다. 애정을 지나치게 주면 오히려 상대방은 애정을 받는 것을 당연하게 여기고 고마움을 모르게 될 수 있다. 그래서 고마움을 모르는 사람의 경우 그에게 베풀기보다는 박하게 대할 필요도 있다. 그래야 고마움도 알고 스스로 무언가를 하려고 한다. 하지만 박하게 대한다고 너무 매몰차게 대해서는 안 된다. 그러면 오히려 큰 화를 부를 수 있으니, 항상 여지를 남겨 너무 매몰차게 대하지 않도록 조심해야 한다.

이처럼 모든 사람을 똑같이 대해서는 안 되고 상대에 따라 달리 대해야 한다. 그것이 곧 상대를 배려하는 것이다. 공자는 "오직 어진 자만이 남을 제대로 사랑할 수 있고, 남을 제대로 미워할 수 있다"라고 하였다.

02

자랑하지 않고 매력을 드러내는 현명한 방법

자신이 옳다고 하지 않기에 오히려 다른 사람이 인정해 준다.
자신을 과시하지 않기에 오히려 다른 사람이 치켜세워 준다.
자신의 공적을 자랑하지 않기에 오히려 다른 사람이 칭송한다.
자신의 재능을 과시하지 않기에 오히려 다른 사람이 존경한다.

－노자 老子

자신의 품위를 높이려고, 다른 사람에게 자신의 자랑을 늘어놓지 말아야 한다. 자기를 자랑하는 것은 자기 존중의 원칙을 따르는 것처럼 보이지만 실은 자신의 품위를 손상하는 어리석은 짓이다. 별다른 특별함이 없으면서도 자신을 드러내고 자랑하는 것은 자기의 무능을 드러내는 처사일 뿐이다.

더욱이 인간은 본래 '자기'와 관련된 것에는 관심을 기울이지만, 그렇지 않은 것에는 무관심하거나 적대적 감정을 가진다. 특히 다른 사람이 자랑을 늘어놓으면 듣는 척하면서도 속으로는 적대심을 품기 마련이다. 왜냐하면 자기자랑이 결국에는 상대방의 무능을 들추는 것과 같기 때문이다. 못난 사람일수록 뛰어난 사람을 보면 열등감에 사로잡힌다. 심지어 눈엣가시로 여겨 공격을 가하기도 한다. 그러므로 아무리 자랑할 일이 있어도 자랑하지 말아야 하고 자랑거리는 자연스럽게 알려지도록 해야 사람들로부터 존경을 받을 수 있다.

반대로 스스로 좋은 점을 드러내지 않는다면 상대방 역시 그 자신의 나쁜 점을 드러내지 않을 것이다. 일을 성공적으로 처리하고 나서 그에 대한 공과 자신의 재능을 숨겨도 분명 재능을 알아보고 주목하는 사람이 반드시 있다. 그러므로 굳이 자신의 재능을 드러낼 필요가 없다. 특히 별것도 아닌 것을 갖고 자랑을 늘어놓지 말아야 한다. 자신의 재능을 치켜세워 우쭐대는 것은 자기가 그런 재능을 가지고 있지 않다는 것을 털어놓는 것이나 다름없다. 쇼펜하우어는 "참으로 어떤 탁월한 점이나 뛰어난 면을 가진 자라면 스스로 만족하고, 그것을 남에게 자랑할 필요를 느끼지 않는다"라고 하였다.

자신을 지나치게 드러내면 오히려 매력이 반감되어 버린다. 특히 속에 꿈틀거리는 욕망을 자랑삼아 그대로 드러내면 추해질 뿐이다. 그래서 누군가와 너무 허물없이 지내는 것은 인간관계에 오히려 해가 될 수 있다. 붙임성이 있는 것은 인간관계를 원만히 하기는 하지만, 너무 터놓고 지내다 보면 보이고 싶지 않은 자신의 추한 모습까지 보이게 되어 자신의 품위를 손상할 수도 있다.

또한 자신의 품위를 높이려고 잘난 척하며 주제넘게 나서지 말아야 한다. 주제넘게 나서는 것은 다른 사람의 영역을 침범하는 행위로 그 자리에서 면박을 당할 수 있다. 그뿐만 아니라 결과가 잘못되는 경우 모든 책임을 뒤집어쓰고 만다. 그러므로 쓸데없이 나서지 않도록 처신을 신중히 해야 한다.

그리고 자신을 드러내기 위해 너무 튀는 행동을 하지 않도록 주의해야 한다. 물론 각자의 성격과 소질을 살리는 것은 중요하다. 개성은 창조력을 발휘하여 새로운 세상을 여는 데 결정적인 기여를 하기도 한다. 그래서 개성은 존중되어야 하지만 개성이라는 명목으로 너무나 튀는 행동을 하면 오히려 사회에서 외면당할 수 있다. 개성은 세상의 보이지 않는 틀을 넘어서기 때문이다.

로마에 가면 로마법을 따라야 하듯이 모든 사회는 나름대로 틀을 갖고 움직이고 있다. 그런데 어떤 사회든 간에 규범이 파괴되는 것은 원치 않으며 사람들도 낯선 것을 그다지 좋아하지 않는다. 특히 조직이 거대할수록 규칙을 깨는 행위는 환영받지 못한다. 그러므로 개성을 내세워 사회의 규칙을 깨는 행동을 삼가야 한다. 규칙을 깨더라도 분위기가 어느 정도 무르익었을 때 행동해야 한다. 그렇지 않으면 사회로부터 외면당해 외로움과 철저히 싸워야 하는 지경에 이르고 만다.

자신을 특별한 사람이라고 생각하여 기이하게 행동하는 것이야 말로 유별난 사람으로 낙인찍히는 빌미를 제공하는 것이다. 자신을 특별한 사람이라고 생각하는 사람은 별난 행동을 해서 남의 관심을 끌려고 한다. 그러나 이런 별난 행동은 개성이라기보다 관심을 끌어 보려는 과시욕에 불과하다. 이는 자신의 결점만 드러내는 어리석은 행동일 뿐이다. 그러므로 유별난 행동은 삼가는 것이 좋다.

사람들은 쉽게 접근할 수 없고 이해하는 데 많은 노력이 드는 것을 공경한다. 반면, 쉽게 손에 넣을 수 있고 쉽게 이해할 수 있는 것은 무시하는 경향이 있다. 그러므로 자신의 속내를 적나라하게 드러내지 않고 신비감을 풍기는 것도 하나의 전략이다.

자신이 똑똑하다는 것을 자랑하거나 드러내는 것도 위험하다. 이것은 사람들로 하여금 경계심을 갖게 하여 자신의 몰락을 부를 수 있다. 양수는 자신이 똑똑하다는 것을 보여 주는 바람에 조조에게 죽임을 당하였다. 조조는 양수의 비범한 능력을 보고 양수가 두려워 그를 죽여 후환을 없앤 것이다. 한비자도 같이 공부했던 이사에게 죽임을 당하였다. 이사는 출세하기 위해 자신보다 뛰어난 한비자를 모함하여 제거했다. 그러므로 자신의 비범함을 과시하려 들지 말아야 한다.

또한 행복감을 지나치게 드러내지 마라. 행복을 과시함으로써 오히려 불행을 부를 수 있다. 다른 사람의 부러움과 존경심은 받고 싶다고 해서 얻을 수 있는 것이 아니다. 오히려 부러움과 존경을

겸손은 언뜻 보기에는
자기 존중의 원칙에 어긋나는 것처럼 보인다.
하지만 자신을 낮추면
오히려 타인이 그 이상으로 나를 존중해 준다.
겸손이야말로
자기 존중을 위한 길이다.

받고 싶어 무언가를 과시하면 할수록 시기와 질투만을 받게 될 뿐이다. 왜냐하면 인간의 마음 한구석에는 다른 사람의 불행을 기뻐하는 악함이 자리하고 있기 때문이다. 그래서 노자는 역설적으로 "자신이 재능을 과시하지 않기에 오히려 다른 사람이 존경한다"라고 하였다.

자랑삼아 '바쁘다'고 말하는 것도 삼가야 한다. 우리는 '바쁘다'라는 말을 입버릇처럼 한다. '바쁘다'는 말은 자신이 사회에서 없어서는 안 될 중요한 인물임을 나타내기도 하지만, 한편으로는 게으름과 무능력을 드러낸다는 점을 알아야 한다. 진정 능력 있는 사람은 많은 시간을 일에 투자하지 않고도 일을 제 시간에 해낸다. 주로 능력이 없는 사람이 시간에 쫓기어 결국 일을 감당하지 못해 바쁘다는 말을 내뱉으며 동분서주한다. 그러므로 무능한 사람처럼 보이고 싶지 않다면 '바쁘다'는 말은 삼가는 것이 좋다.

자신을 자랑하는 것은 타인 존중의 원칙을 침해하므로, 자신을 자랑하기보다는 자신을 낮추어 겸손해야 한다. 이것이 오히려 자기 존중의 원칙에 충실한 태도이다. 간디는 사람들에게 크게 존경을 받았지만 어깨에 힘을 주지 않았고, 어떠한 허영심도 없었다. 많은 현인처럼 간디도 겸손을 실천했다.

겸손은 언뜻 보기에는 자기 존중의 원칙에 어긋나는 것처럼 보일지도 모른다. 하지만 자신을 낮추면 오히려 타인이 그 이상으로 나를 존중해 주기 때문에 겸손이야말로 자기 존중을 위한 길이라고 할 수 있다. 이슬람교의 성자로 추앙받는 마호메트가 "나는 그저 평범한 사람이다. 보통 사람과 똑같이 먹고 잔다"라고 한 말을 되새겨 보라.

03
기대가 크면 실망도 크다

남이 알아주지 않는 것을 걱정하지 말고
내가 남을 알지 못하는 것을 걱정하라.
－공자孔子

자신에게 지나치게 큰 기대를 걸지 마라. 기대감은 희망을 주기도 하지만, 상상 속에서 머무른 채 현실에서 동떨어지게 하기도 한다. 그리고 나아가 다른 사람까지 기대감에 빠지게 한다. 그러나 기대가 크면 실망도 큰 법이다. 만약 결과가 기대에 크게 미치지 못하면 사람들은 좌절과 절망으로 몸부림친다. 잔뜩 기대감에 부풀었던 사람은 결과에 크게 실망한 나머지 기대를 하게 한 사람에게 온갖 비난의 화살을 퍼붓게 된다. 그러므로 실현 불가능한 기대감에 희망을 걸어서는 안 되며, 동시에 다른 사람에게도 너무 큰 기대를 갖도록 부추겨서는 안 된다.

상대에게 너무 큰 기대를 걸지 않게 하기 위해서는 미래나 목표를 얘기할 때 꿈이 이루어지지 않을 경우를 가정해 말해야 한다. 그렇게 한다면 혹시 좋지 않은 결과에 이르더라도 크게 실망하지 않을뿐더러 비난받을 일을 피할 수 있다. 만약 좋은 결과를 얻는다면 자신의 기쁨은 말할 것도 없고 사람들에게 찬사까지 받아 두 배의 기쁨을 누릴 수 있게 된다.

자신에게 큰 기대를 하지 말아야 하는 것처럼 다른 사람에게 너무 기대하거나 의지하지도 말아야 한다. 사람들은 자신이 아쉬울 때는 찾다가도 필요하지 않으면 돌아서는 경향이 있다. 이처럼 사람들의 인정은 매섭고 차갑다. 그래서 남에게 기대하거나 의지하는 것은 자제해야 한다. 게다가 사람들 중에는 다른 사람에게 헛된 욕심이나 기대감을 갖고 있는 사람을 보면 이런 심리를 악용하여 그 사람의 모든 것을 빼앗으려는 이들도 있다.

다른 사람에게 의지하지 말아야 하듯이 요행을 바라거나 허황된 꿈을 꾸어서도 안 된다. 큰돈에 대한 유혹을 뿌리치지 못하고 다단계에 빠져들거나, 복권에 당첨되면 일확천금을 얻을 수 있다는 허황된 꿈을 품는 순간 커다란 고통에 빠지고 만다. 그러므로 요행이나 허황된 꿈은 신기루라고 생각하고 그것들을 바라지 않도록 마음을 다스려야 한다.

남들이 자신의 덕이나 능력을 알아주지 않는 것을
걱정할 것이 아니라
자신이 다른 사람의 덕이나 능력을 알지 못하는 것을
걱정해야 한다.
그래야 편협한 인간이라는 오명을 벗을 수 있고,
다른 사람으로부터 존중받을 수 있다.

또한 남이 알아주기를 너무 고대하지 말아야 한다. 남에게 인정받는 것은 커다란 영광이며 행운이다. 하지만 남에게 인정받으려는 마음이 너무 크면 작은 실패에도 위축되고 상처받기 쉽다. 사람들은 다른 사람에게 그다지 관심이 많지 않을뿐더러 감정에 휩쓸려 판단할 때가 많기 때문에 다른 사람의 관점으로 자신을 평가하며 자신을 몰아세우는 것은 어리석기 짝이 없는 행동이다.

더욱이 세상에는 자신의 편이 그리 많지 않다. 사람들은 훌륭한 장점을 많이 가지고 있는 사람에게도 칭찬보다는 비판을 가하고 그를 헐뜯는다. 그래서 다른 사람에게 인정받기를 갈망하게 되면 다른 사람의 판단에 민감하게 반응하고, 다른 사람에게 인정받으려는 목적으로 정당한 자신의 의견조차 포기해 버린다. 또한 비판이나 험담을 받아들이지 못하고 큰 충격을 받아 자기 파괴적인 행동을 할 가능성도 높다. 자신의 그림을 사람들이 인정하지 않자 총으로 자신의 머리를 쏜 화가 고흐처럼 말이다. 그러므로 다른 사람에게 너무 많은 것을 기대하지 않는 것이 좋다.

이런 불행한 상태에서 벗어나기 위해서는 자신의 인생이 누구의 것인지 반문해 보아야 한다. 그러면 남이 알아주기를 바라는 것이 얼마나 위험한 일인지를 깨달을 수 있다. 남이 알아주기를 학수고대하는 것도 한편으로는 자신을 포기하는 자기 파괴적 속성에서 비롯된 것으로 자기 보존의 원칙에 맞지 않다는 것을 알아야 한다. 그래서 자신을 보전하기 위해서는 다른 사람에게 의존하지 않고 스스로 만족할 줄 알아야 하며, 남이 알아주는 것은 행운으로 생각해야 한다.

공자의 말처럼 다른 사람이 자신을 알아주지 않는 것을 슬퍼하기보다는 내가 다른 사람을 알아주지 않았는지를 돌아보아야 한다. 또한 남들이 자신의 덕이나 능력을 알아주지 않는 것을 걱정할 것이 아니라 자신이 다른 사람의 덕이나 능력을 알지 못하는 것을 걱정해야 한다. 그렇게 해야 다른 사람으로부터 인정과 존중을 받을 수 있다.

웃는 얼굴 뒤에 숨은 진짜 얼굴을 보라

불행한 인간은 동정해 주는 사람의 얼굴을 보기를 즐기며,
자기의 고통을 털어놓고 사랑과 동정의 말을 듣기를 좋아한다.
– 톨스토이Tolstoi

자기 존중의 원칙에 충실하고자 한다면, 다른 사람에게 자신의 허물을 드러내지 말아야 한다. 자신의 허물을 드러내는 것은 자기 보전의 원칙에 어긋난다. 사람들은 흔히 진실을 말하고 싶어서 혹은 과거와 달라진 지금의 모습을 자랑하고 싶어서 과거의 잘못을 들추기도 한다. 그러나 자신의 잘못을 들추는 것은 자신의 약점을 드러내는 것과 같다. 자신의 치부를 스스럼없이 드러내는 모습을 보면 사람들은 겉으로는 진솔한 모습에 감동한 것처럼 행동하지만 속으로는 쾌재를 부른다. 안주 삼아 씹을 수 있는 이야깃거리와 언제든 상대방을 공격할 수 있는 약점을 손에 넣었기 때문이다.

자신의 허물을 드러내기보다는 과거의 잘못을 숨기는 것이 자신을 위해서도 훨씬 바람직하다. 진실이 때로는 해악을 가져오기 때문에 부부 사이라도, 혹은 절친한 친구 사이라도 자신의 잘못을 전부 털어놓아서는 안 된다. 자신의 약점과 허물이 언제든지 인생에서 걸림돌로 작용할 수 있다는 사실을 명심해야 한다.

좋은 이미지보다 나쁜 이미지가 오래 기억된다. 그러므로 자신의 잘못을 덮어 두는 편이 현명하다. 아무리 고상한 인간도 결점과 허물은 있기 마련이다. 이것이 들춰지는 순간 고귀한 체면은 사라지고 아름답지 못한 이면이 드러난다. 이로 인해 큰 불행이 앞길을 가로막을 수 있다.

또한 자기 존중의 원칙에 충실하고자 한다면, 다른 사람에게 신세타령을 해서도 안 된다. 자신의 운명은 자신의 손에 달려 있다. 시대가 영웅을 만든다고 하나 영웅도 시대를 만들 수 있다. 특히 걸출한 영웅은 어떤 악조건에서도 분발하여 세상을 자신의 의도대로 움직여 간다. 그래서 험난한 길을 걷고 있다 하더라도 고난을 극복하고 밝은 미래를 창조하려 노력해야 한다.

반면, 다른 사람의 동정을 구하고자 신세타령을 한다면 자신의 의도와는 달리 상대에게 경멸감만 사고 말 것이다. 사람들은 처지가 안된 사람을 겉으로는 위로를 하면서도 속으로는 상대보다 자신의 나은 처지에 안도감을 느끼고 심지어 우월감을 느끼기 마련이다. 그러니 남에게 하소연하는 것은 삼가는 것이 좋다.

이처럼 남에게 자신의 아픈 곳을 보이는 것은 정말 어리석은 행동이다. 주변에는 늘 상대방의 약점을 노리는 사람이 있다. 그런 사람들은 약점을 발견하는 즉시 그것을 악용한다. 그래서 현명한 사람은 누구에게도 자신의 상처를 보이지 않으며 자신의 불행을 말하지 않는다.

현재 상황이 힘들더라도 겉으로 표현하지 않고 자신이 해야 할 일을 조용히 실행한다면 곧 좋은 일이 생기게 된다. 반드시 이런 행동에 감동하는 사람이 있어 언젠가는 구원의 손길이 찾아올 것이다. 그러므로 신세타령을 자제하고 그 시간에 더욱 노력하여 난관을 참고 극복하고자 해야 한다. 그러나 남이 곤경에 처한 것을 보고 모른 척 지나쳐서는 안 된다. 남을 도와주는 것은 자신의 고난을 담보하는 것이다. 남이 어려울 때 도와주는 것은 곧 자기를 보전하는 길이라는 사실을 잊지 말아야 하겠다.

그리고 남이 깍듯이 대한다고 너무 좋아할 필요는 없다. 사람은 겉과 속이 다를 때가 많다. 공자는 "좋은 말로 꾸미고, 얼굴빛을 좋게 하고, 지나치게 공손한 태도를 보이는 사람을 경계하라"고 하였다. 그러니 다른 사람이 자신에게 잘해 준다고 너무 좋아해서는 안 된다. 달콤한 말을 하고 얼굴빛을 좋게 하고 공손한 말을 하는 것은 일종의 속임수일 수 있다.

좋은 말로 꾸미고,
얼굴빛을 좋게 하고,
지나치게 공손한 태도를 보이는 사람을
경계하라.
나에게 호의를 베푼다고 하여
나를 아끼고 사랑한다고 믿어서도 안 된다.

사람들은 남이 보는 데서는 예의범절을 갖춰 그럴듯하게 행동하지만, 사람들이 보지 않는 곳에서는 전혀 다른 생각을 품기도 한다. 그래서 누군가 나에게 호의를 베풀고 내 말에 순순히 따랐다고 하여 나를 존경한다고 생각하지 말아야 하며, 은혜를 베풀었다고 해서 나를 아끼고 사랑한다고 여겨서도 안 된다. 또한 상대방이 겸손하다고 해서 자신을 높이 평가한다고 단정짓지 말아야 한다.

　　상대방이 너무 예의 바르게 행동하거나 공손한 것은 속에 음흉한 뜻을 품고 있기 때문일 수도 있다. 듣기 좋은 말만 하면서 속으로는 상대의 잘못을 캐내려고 하는 사람이 얼마든지 있다. 오나라의 노예가 된 월나라 왕 구천이 오나라 왕 부차의 똥을 맛본 것은 부차가 좋아서가 아니라 부차에게 복수할 기회를 만들기 위함이었다. 이처럼 음흉한 자의 호의를 그대로 받아들이는 날에는 자칫 음흉한 자에게 뒷덜미를 잡히는 신세가 될 수 있음을 잊지 말아야 한다.

05
거절의 가치가 승낙보다 높을 수도 있다

물리칠 줄 알아야 한다.
모든 사람에게 모든 것을 허용해서는 안 된다.
거절하는 것은 승낙할 줄 아는 것만큼 중요하다.
한 사람의 '아니오'는 많은 사람의 '예'보다 더 높이 평가된다.
왜냐하면 금빛 찬란한 거절이
승낙보다 더 많은 것을 충족하게 하기 때문이다.
– 그라시안Gracián

때로는 거부할 줄도 알아야 한다. 모든 사람에게 무엇이든지 허락해서는 안 된다. 이것은 살아가는 데 아주 중요한 기술이지만 적절하고 상대방이 마음 상하지 않게 거부하기란 쉽지 않다. 특히 상대방 앞에서 거부하기는 매우 힘든 일이다.

그렇지만 합리적으로 거절하는 것이 불합리한 승낙보다 훌륭한 선택이라는 것은 분명하다. 상대방의 기분을 상하게 할까 봐 거절하지 못하면 자신의 소중한 시간을 쓸데없이 낭비하게 되며 불필요한 고통에 시달리게 된다. 기쁜 나머지 가볍게 승낙하거나, 상대방이 괴로움을 호소하거나 도움을 요청할 때 어쩔 수 없이 도움의 손길을 내밀었다가 오히려 낭패를 보게 될 수 있다. 그러므로 남을 도와주는 일이 근본적인 처방이 아니거나 자신에게 큰 피해가 예상된다면 거절할 줄 알아야 한다.

자신의 일도 하지 못한 채 남의 일에 끌려다니는 것처럼 괴로운 것도 없다. 자칫 다른 사람 때문에 '하게 된 일'이 자신을 자승자박하여 곤란에 빠질 수도 있다. 공자는 "쉽게 승낙한 사람은 그것을 잘 지키지 못한다"라고 하였다. 게다가 무심코 도움을 허락했다가 모든 것을 잃을 수도 있다.

다른 사람을 도와주는 것보다 자신의 본분을 다하는 것이 우선임을 명심해야 한다. 자신의 본분을 내팽개치고 다른 사람의 골치 아픈 문제에 뛰어드는 것은 자기 보존의 원칙을 저버리며 스스로 불행을 자초하는 것이다.

이와 반대로 다른 사람에게 자신의 사적인 문제를 해결해 달라고 요청해서도 안 된다. 부부 사이의 문제는 당사자가 해결하는 것이 가장 바람직하다. 그러므로 사업이나 인간관계에서 거절할 줄 알아야 하며, 또한 사적인 문제를 해결하기 위해 다른 사람에게 손을 내미는 것을 삼가야 한다.

그러나 도움의 요청을 단호하게 거절하라는 것은 아니다. 거절할 때는 정중하면서도 약간의 희망의 여지를 남겨 반감의 불씨를 잠재워야 하고, 또 너무 오랜 시간을 끌지 말고 신속하게 해야 한다. 시간을 끌면 오해를 살 뿐만 아니라 그만큼 모두를 피곤하게 한다. 신속하면서도 정중하게 거절하는 것이야말로 세상을 살아가는 데 가장 필요한 삶의 기술 중 하나이다.

또한 남의 불행을 함부로 껴안지 말아야 한다. 불행은 전염병처럼 옮겨지기 때문이다. 남의 안타까운 상황을 동정하여 그 사람을 받아들이는 순간 불행은 자신에게 전염되고 만다. 게다가 상대가 불행을 극복하기 위해 스스로 노력하지 않고 손만 내미는 사람이라면 더욱 완강히 거부해야 한다. 가까운 사람을 동정하거나 기쁘게 하려고 자신을 불행하게 하는 것 또한 자기 보존의 원칙에 어긋난다. 동정심이나 우정에 이끌려 자신을 희생하는 마음은 고귀할지 모르지만 현명하다고는 할 수 없다. 그래서 마르쿠스 아우렐리우스는 "이웃 사람들이 무슨 말을 하고 무슨 일을 하며 어떤 생각을 하고 있는지 알려고 할 필요가 없다"라고 말하면서 값싼 동정심은 금물이라고 강조하였다.

자기 보전을 위해서는 거부할 줄도 알아야 하지만 어려울 때 도움을 청할 줄 알아야 한다. 아무리 운이 좋은 사람도 언제 안 좋은 처지에 놓일지 모른다. 이런 경우를 대비해 남에게 부탁할 줄도 알아야 한다. 그래야 인생에서 부닥치는 난관의 무게를 덜 수 있다. 만일 부탁할 줄 모른다면 인생의 모든 짐을 혼자 짊어져야 하는데, 이는 너무나 큰 고통이다. 그러므로 부득이한 경우에는 불행을 같

합리적으로 거절하는 것이
불합리한 승낙보다 훌륭한 선택이다.
감정에 휘둘려 거절하지 못하면
자신이 오히려
불필요한 고통에 시달리게 된다.

이 짊어져 줄 수 있는 사람에게 정중하게 도움을 청해 짐을 덜 줄도 알아야 한다.

　도움을 청할 줄 알아야 하지만 너무 자주 손을 내밀지는 말아야 한다. 너무 잦은 요청은 상대방에게 부담을 주어 상대가 자신을 피하게 만든다. 그러므로 도움은 꼭 필요한 때만 청해야 한다. 빈번한 요청은 인간관계를 망칠 뿐이다.

o6

험담이나 비방에 대처하는 방법

우리는 어떤 경우라도 초면인 사람에게는
너무 호의적으로 보이지 않도록 주의해야 한다.
그렇지 않으면 대체로 기대에 어긋나게 되며,
자기만 창피를 당하거나 억울한 지경에 이른다.

— 쇼펜하우어Schopenhauer

자신의 품위를 지키기 위해서는 값싸게 보이지 말아야 한다.
사람들은 대부분 필요에 의해서 만난다. 즉, 필요하지 않으면 만나
지 않는다. 그래서 도와줄 때도 상대방이 원하는 모든 것을 주어서
는 안 된다. 상대방은 더 이상 기대할 것이 없다고 느끼는 순간 떠
나간다.

다른 사람이 자신을 찾게 하기 위해서는 그 사람의 욕구를 모두
충족시켜 주지 말고 상대방이 목마름을 해결할 정도로만 충족시켜

품위를 지키기 위해서는
무엇보다 성품이 곧아야 하고
상대방에게 믿음을 줄 수 있어야 한다.
상대방에게 믿음을 주는 사람은 한결같기 때문에
주변의 신망을 얻는다.

쥐야 한다. 이는 자식에게도 적용된다. 자식에게 무조건 많은 것을 베푼 부모 중에 늙어서 봉양받지 못하는 경우가 많다. 모든 재산을 딸들에게 나누어 준 리어 왕은 딸들에게 문전박대를 받고 떠도는 신세가 되었다.

그럼 다른 사람에게 존중을 받으려면 어떻게 해야 할까? 농담을 삼가야 한다. 농담은 분위기를 부드럽게 해주는 윤활유와 같지만, 지나친 농담은 오히려 그 사람을 진정성이 없는 사람으로 보이게 한다. 그래서 농담을 자주하면 실없는 사람으로 낙인 찍힌다. 농담이 지나친 사람은 진지하게 말을 해도 다른 사람은 그것을 농담으로 받아들여 결국 화가 자신에게 돌아오고 만다.

더욱 문제가 되는 것은 불쑥 던진 농담이 싸움의 불씨가 되는 경우이다. 한마디 불쑥 던진 농담이 상대의 상처를 건드릴 수도 있다. 그러므로 농담은 될수록 삼가는 것이 좋으며, 농담을 하더라도 상대방의 기분을 살피고, 그 사람이 농담을 받아들일 수 있는지를 반드시 먼저 파악해야 한다. 그래서 공자는 "때와 장소 그리고 인물에 따라 말해야 한다"라고 하였다.

또한 다른 사람에게 존중을 받으려면 변덕을 부리지 말아야 한다. 일관성이 없으면 분별력을 상실했기 때문이다. 하루는 이랬다가 다른 날은 저랬다 하면서 변덕을 부린다면, 누구도 그 사람의 비위를 맞출 수 없을 뿐만 아니라 혼란을 겪게 된다. 그래서 변덕을 부리면 신망을 잃게 되고 누구도 상대하지 않으려 한다. 사람은 성품이 곧아야 하고 상대방에게 믿음을 줄 수 있어야 한다. 상대방에게 믿음을 주는 사람은 한결같기 때문에 주변으로부터 신망을 얻는다.

사람을 대할 때 어느 정도 긴장감을 유지할 필요도 있다. 어른이나 아이 할 것 없이 사람은 무한히 잘 대해 주면 그것을 감사하기보다 당연시여기고 심지어 상대방을 쉽게 보는 경향이 있다. 그래서 조금만 잘해 주어도 무례하게 구는 사람은 상대하지 않는 것이 좋다. 그러므로 지나치게 너그럽게 사람을 대하기보다는 상대에 따라 사람을 다루는 기술이 필요하다.

또한 사람들의 험담이나 비방에 일일이 신경쓰고 민감하게 반응하지 말아야 한다. 인격이 모자란 사람들은 남에 대한 험담을 일삼기 때문에 이런 것들에 하나하나 대응하는 것은 오히려 그들에게 지는 것이나 다름없다.

이런 사람들의 작전에 말려들지 않기 위해서는 사람들의 말에 일일이 대꾸하지 말아야 한다. 불필요한 변명은 전혀 도움이 되지 않는다. 변명은 오히려 불신만 자극하여 새로운 불신을 낳을 수 있다. 무시야말로 비방하는 사람에게 할 수 있는 최대의 복수다. 간디가 위대한 점도 자신의 조국을 괴롭히는 영국을 무시할 줄 알았기 때문이다.

07

신용, 절대 잃어서는 안 되는 무기

남을 믿는 사람은 남이 성실하기 때문이 아니라 자기가 곧 성실하기 때문이며,
남을 의심하는 사람은 남이 속여서가 아니라 자기가 속이기 때문이다.

—홍자성洪自誠

신용은 반드시 지켜야 한다. 그래야 다른 사람에게 신임을 받아 자신을 보전할 수 있다. 작은 이익을 위해 거짓말을 일삼으면 오히려 더 소중한 자산인 인품과 신용을 잃게 된다.

이익에 민감한 사람들은 작은 이익을 탐하느라 신용보다는 이익을 우선시하며 필요하다면 거짓을 일삼는다. 이럴 경우 당장에는 거짓이 드러나지 않을 수도 있지만 언젠가는 모든 것이 밝혀지게 되므로 결국에는 더 많은 것을 잃게 된다. 한비자도 "사사로운 이익을 위해 신용을 버려서는 안 된다"고 주장했다. 신용을 지키면 거짓을 행하여 얻는 이익보다 훨씬 큰 이익을 얻을 수 있다. 그래서 우리는 언제나 말과 행동이 일치하도록 힘써 신용을 지키는 사람이 되어야 한다.

공자도 "백성의 신뢰가 무너지면 존립할 수 없다"라고 하였다. 개인이든 국가든 신용이 있으면 아무리 위기에 처해도 재기할 수 있지만, 신용이 무너지면 존립 자체가 위협받는다.

사회는 신용을 기반으로 돌아가고 있다. 그래서 신용이 무너지면 돈을 빌리고 싶어도 빌릴 수 없다. 개인 파산과 국가 부도도 결국 신용이 무너져 일어난 결과이다. 그러므로 건전한 인생을 살기 위해서는 신용을 우선시하고 늘 정직해야 한다. 비록 오늘날 정직이 통하지 않고 은혜를 모르는 풍조가 만연해 있다 하더라도, 최악의 대가를 지불하지 않기 위해서 한결같이 정직하도록 노력해야 한다.

하지만 신용이 중요하다고 하여 언제나 진실만을 말하는 것은 어리석다. 진실이란 그 자체로 위험한 것이 될 수도 있고, 악용될 수도 있다. 따라서 아무리 친한 사이라도 진실을 반쯤 숨기는 게 좋다. 살다 보면 말 못할 비밀이 생기는 건 당연하다. 남녀관계에서처럼 비밀이 밝혀졌을 때 서로에게 상처를 줄 수 있는 진실도 있으니 진실이라고 해서 모두 고백해서는 안 된다.

특히 자신의 사사로운 일은 비밀로 해야 하며 다른 사람의 비밀

진실을 말하기보다는 침묵하는 것이
어지러운 세상에서 자신을 구하는 방법이며
자신을 고귀하게 하는 방법이라 할 수 있다.
진실을 알면서도 침묵하는 것은
쉬운 일이 아니지만
자신을 위해서는 반드시 필요한 행동이다.

도 지킬 줄 알아야 한다. '결혼은 외교 전쟁'이라는 말이 있듯이, 아무리 다정한 부부라도 발설하지 말아야 하는 비밀은 함구해야 한다. 그라시안은 "자신을 드러내면 드러낼수록 남들에게 바칠 세금은 커진다"라고 하였다. 비밀은 사람들의 호기심을 자극하기 때문에 누설되기 쉽다. 게다가 누설된 비밀은 천 리를 달려가는 속성이 있다. 이렇게 되면 비밀의 당사자에게는 치명적인 타격을 줄 수 있다. 이런 참혹한 사태를 미리 방지하기 위해서는 반드시 비밀을 지켜야 한다. 비밀을 지켜야 사람들로부터 굳건한 신뢰를 얻을 수 있기 때문이다.

그렇다고 함부로 거짓말을 해서는 안 된다. 단 한 번의 거짓말로 신뢰를 잃을 수 있다. 그래서 진실을 말하기보다는 침묵하거나 때로는 진실을 어느 정도 덮는 편이 어지러운 세상에서 자신을 구하는 방법이며 자신을 고귀하게 하는 방법이라 할 수 있다. 진실을 알면서도 침묵하는 것은 쉬운 일이 아니지만, 자신을 위해서는 반드시 필요한 행동이다.

또한 사람들에게 신뢰를 주기 위해서는 평상시 끊고 맺음을 분명히 해야 한다. 사람마다 생각이 다르기 때문에 문제는 늘 발생하기 마련이다. 이럴 때 대화를 통해 끊고 맺음을 명확하게 하지 않으면 불필요한 오해를 사게 된다. 싫으면 싫다고 하고, 좋으면 좋다고 분명하게 말해야 불필요한 오해를 사지 않는다. 그렇지 않고 우물쭈물 망설이거나 계속 대답을 미루면 의혹만 증폭시킨다. 그래서 문제가 생겼으면 반드시 그 자리에서 매듭을 풀어야 한다. 망설이면 시간만 낭비할 뿐만 아니라 아무것도 아닌 일도 커져 나중에는 돌이킬 수 없는 상황에 이르게 될 수 있다. 이런 불미스러운 일을 방지하기 위해서는 그 자리에서 끊고 맺음을 분명히 할 필요가 있다.

시시비비를 가릴 때도 어느 한쪽에 치우치지 말고 태도를 분명히 하여 탈이 없도록 해야 한다. 만물에는 음양의 이치가 있는 것처럼 사람들 사이에도 항상 대립과 반목이 끊이지 않는다. 반목과 대립이 격해져 풀리지 않을 때 아는 사람이라는 이유로 인정에 끌려 그 사람 말만 듣고 판단을 내리는 것은 현명하지 못하다. 반목이 생겼을 때는 반드시 양쪽의 말을 듣고 나서 판단을 내려야 한다. 그렇지 않고 성급하게 한쪽 말만 듣게 되면 다른 쪽의 반발을 사 더욱 곤란한 상황에 빠지게 된다.

양쪽의 말을 듣고, 인정에 치우치지 않고 끝맺음을 잘할 때 우리는 지혜롭다는 말을 들을 수 있다. 이것은 자신의 품위를 높이는 길이다.

제5부

다른 사람을
자신의 사람으로 만드는 길

01

외양이 곧 인격은 아니다

남의 일에 관심을 갖지 않는 사람은
힘든 인생을 살아갈 수밖에 없고,
남에게도 무거운 짐이 될 뿐이다.
많은 실패는 그런 인간들 사이에서 일어나기 때문이다.
─카네기Carnegie

사람을 대할 때 먼저 그가 어떤 사람인지를 파악하고 그에 따라 대해야 한다. 이렇게 하는 것은 한편으로는 악인으로부터 자신을 보호하는 길이자 다른 한편으로는 타인 존중의 원칙에 따라 더불어 사는 법을 마련하는 길이다.

사람은 각양각색이다. 세상에는 착한 사람만 있는 것도 아니고, 악한 사람만 있는 것도 아니다. 세상에는 선한 사람과 악한 사람이 공존하며, 현자와 우매한 자가 뒤섞여 있다. 그러므로 사람에 따라 다르게 대해야 한다. 사람을 대할 때 성선설이 주장한 '덕'으로만 대해서도 안 되고, 성악설이 주장한 강한 '법'이나 '힘'으로만 밀어 붙여서도 안 된다. 한 가지 태도로 일관하여 모두를 똑같이 대하는 것은 인간에 대한 인식 부족에서 오는 어리석은 행동이다.

지금 사람들은 인권을 내세워 사형 제도를 없애고 학생들의 체벌을 금하려고만 한다. 이런 행동은 인간에 대한 지나친 낙관에서 비롯된 것이다. 인간의 3할은 악하면서 어리석어 악한 일을 하고도 자신이 악한지를 모른다. 그래서 이런 사람들 때문에 많은 사람이 죽임을 당하거나 해를 입는다.

그런데도 사람들은 관용의 미덕을 내세워 용서하고 아량을 베푸는 것이 세상을 아름답게 만드는 것이라고 착각한다. 안타깝게도 이런 착각에 빠져 있는 동안 악한 사람들 때문에 많은 사람이 피해를 보고 있는 게 현실이다.

이러한 피해를 막기 위해서는 정의의 칼로 응징을 가해야 한다. 다른 사람에게 피해를 주는 악한 사람들은 세상에서 격리해야 한다. 그 사람의 인간으로서의 존엄성을 존중한다는 취지에서 관용을 베푸는 것이 오히려 정의에 대한 직무유기라 할 수 있다. 인과 응보의 원칙에 따라 악한 사람에게는 강하게 응징을 가해야 한다. 그래야 악한 사람으로부터 착한 사람을 구해 낼 수 있다.

그렇지만 법 없이도 사는 사람에게까지 강하게 대처할 필요는 없다. 악의 없는 실수는 용서해야 하듯이, 착한 사람에게는 관용을

착한 사람을 대할 때에는
마땅히 너그러워야 하고,
악한 사람을 대할 때에는
마땅히 엄해야 하며,
평범한 사람을 대할 때에는
너그러우면서도 엄해야 한다.

베풀 필요가 있다.

사람을 대할 때는 온화함과 강함이라는 상반된 대처법이 필요하다. 착한 사람을 대할 때는 진실하면서도 부드럽고 너그럽게 대해야 하지만, 악한 사람은 냉정하고 엄격하게 대해야 한다. 착한 사람은 상대방을 배려하지만 악한 사람은 남에게 피해를 주며 이익을 꾀하기 때문이다.

보통의 사람들, 즉 선악을 넘나드는 사람들은 상황에 따라 때로는 부드럽게, 때로는 엄격하게 대하는 것이 좋다. 선악의 정도에 따라 부드러움을 강하게 하거나, 엄격함을 강하게 해야 한다. 홍자성은 "착한 사람을 대할 때에는 마땅히 너그러워야 하고, 악한 사람을 대할 때에는 마땅히 엄해야 하며, 평범한 사람을 대할 때에는 너그러우면서도 엄해야 한다"라고 하였다.

그리고 사람을 볼 때 용모로 판단하지 말아야 한다. 이것은 사회생활을 하면서 반드시 주의해야 할 일이다. 키가 작고 볼품이 없다고 해서 능력이 없거나 마음이 좁은 것이 아니며, 키가 크고 호감가는 외모를 가졌다고 해서 능력이 있고 마음이 넓은 것이 아니다. 나폴레옹은 키가 작았으나 야망은 한없이 컸듯이 말이다.

인상과 사람의 속마음이 전혀 다른 경우가 많다. 인상은 좋아도 사기꾼 기질을 품고 있는 사람도 있으며, 인상이 좋지 않아도 도량과 마음은 한없이 넓은 사람도 있다. 거짓은 진실보다 화려한 법이다. 그러므로 첫인상으로 상대방을 판단해서는 안 되며, 외모가 뛰어나다는 이유로 높은 점수를 주는 것은 지양해야 한다. 혜안이 있다는 유비조차 뛰어난 책사 방통의 못생긴 얼굴만 보고 그를 판단하여 중용하지 않고 변방으로 내보내지 않았던가. 첫인상으로는 사람 됨됨이를 알 수 없는 법이다.

그러므로 사람을 한 번 보고 판단할 것이 아니라, 여러 번 겪은 뒤에 신중하게 판단해야 한다. 공자도 언변에는 능하나 공부에 힘쓰지 않는 재여를 겪어 보고 "지금까지 나는 사람을 대할 때 그의 말을 듣고 그의 행실을 믿었으나 이제부터는 그의 행실을 본 뒤에야 믿어야겠다"라는 깨달음을 얻었다고 했다.

사람을 제대로 알려면 여러 번 겪어야 하며, 겉으로 드러난 모습보다 내면을 살펴야 한다. 그리고 나서 그 사람을 판단해도 늦지 않다. 다른 사람의 인품을 잘못 판단하는 것은 자기 본위로 생각한 결과이다. 내면을 들여다보지 않고 첫인상만으로 쉽게 판단하는 것은 잘못된 행동이다.

상대방을 자신의 사람으로 만들어 서로 더불어 사는 사회를 만들기 위해서는 먼저 상대방이 무엇을 원하는지를 알아야 한다.

사람들은 상대방을 자신의 뜻에 따라 움직이려 하면서도 상대방이 무엇을 원하는지 알려고 노력하지 않는다. 이는 세상을 자기중심으로 살려는 소치이다. 그러나 이렇게 되면 서로 대립하고 갈등하며 충돌하여 결국 자신이 뜻한 바도 이룰 수 없게 된다.

자신이 뜻한 바를 이루기 위해서는 상대방이 무엇을 원하고 있느지를 정확히 간파하여 그 사람의 비위를 맞출 줄 알아야 한다.
그러면 상대방도 자신의 뜻에 기꺼이 따를 것이다.

02

결점이 없는 사람은 없다

뒷전에서 남의 단점을 들춰 말하는 것은 군자의 도리가 아니다.
그런 행동을 하다가는 재앙을 불러오기 마련이며,
심하면 원수지간으로까지 발전한다.

−맹자孟子

남에게 함부로 해서는 안 된다. 남을 함부로 대하는 것은 타인 존중의 원칙에도 어긋날 뿐만 아니라, 결국 자신에게도 해가 된다. 그래서 남을 탓하거나 험담을 해서는 안 된다.

사람들은 불행해지면 남을 원망하고 탓하는 경향이 있다. 그러나 자기 인생의 주인은 바로 자신이다. 모든 결과의 근본적인 원인은 자신에게 있다. 또한 중요한 점은 난관에 부닥쳤을 때 남을 원망하는 시간에 해결책을 모색해야 한다는 것이다.

남의 탓을 하는 것은 자신의 인생을 다른 사람의 노예로 만드는 것으로, 인생의 선택권이나 결정권을 타인의 손에 쥐여 주는 것이다. 어떤 경우라도 결코 남의 탓을 하지 말아야 하며 모두 자신의 책임이라고 여겨야 한다. 그래야 더 나은 미래를 만들어 갈 수 있다. 남의 탓을 하는 사람은 불평만 하며 그 자리에 머무르지만, 자신을 탓하는 사람은 분발하기 때문이다. 그래서 자신의 인생에 문제가 생기면 다른 사람을 탓하기 이전에 먼저 자신을 탓해야 한다.

설령 남이 한 일이 자신의 맘에 들지 않는다고 해도, 남을 탓하기 전에 자신에게 다른 사람을 포용할 수 있는 아량이 부족하거나 상대방을 설득할 수 있는 능력이 없다는 사실을 탓해야 한다. 이렇게 자신에게 어떤 문제가 있었는지를 먼저 돌아보고 반성하며 그것을 고치려고 노력한다면 언젠가는 좋은 결과를 얻을 수 있다. 결국 자신을 탓하면 자신의 발전을 이루어 가치를 높이지만, 남을 탓하면 결국 그것이 자신에게 돌아온다.

또한 남의 허물을 들추어내지 말아야 한다. 누구에게나 허물이 있다. 그건 자신도 마찬가지다. 하지만 대부분이 자신의 허물보다는 남의 허물을 들추기를 좋아한다. 다른 사람이 열 번 잘해도 한 번도 칭찬하지 않으면서 한 번 잘못하면 곧바로 험담을 늘어놓는다. 이는 상대방의 허물을 드러냄으로써 자신의 오점을 감추고, 자신의 부족함을 위안받으려는 이기심에서 비롯된 행위다. 하지만 이런 행위는 결코 자신에게 도움이 되지 않는다. 내가 남을 인정하지 않고 비방하면 상대방 역시 나를 그렇게 대하는 법이다.

특히 인격이 미성숙할수록 자신의 잘못을 깨닫기는커녕 다른 사람의 잘못을 캐내려 한다. 반면, 인격이 높은 사람은 남의 허물을 들추려 하지 않고 약점을 덮어 주어 상대방의 체면을 살리려고 노력한다. 다른 사람이 잘못했을 때도 그것을 질책하기보다는 관용을 베풀어 그 잘못을 용서한다.

사람은 누구나 자기만의 고유한 색깔을 가지고 태어났다. 이런 고유한 색깔에는 좋은 점도 있지만 그렇지 않은 점도 있다. 그런데 사람들은 시기심 때문에 남의 좋은 점은 보지 않고 좋지 않은 점만을 들춰 트집을 잡아 그 사람의 뛰어난 업적마저도 깎아내리려 한다. 그러나 이 세상은 혼자 사는 세상이 아니므로 다른 사람의 타고난 재능이나 개성을 존중하고 남을 배려하며 조화롭게 어울려 살아야 한다. 상대방을 인정하지 않고 배격하는 것은 타인 존중의 원칙에 어긋난다.

자신의 생각과 다르다고 해서 함부로 비난하거나 험담을 하면 남들 눈에 좋게 보이지 않을 뿐만 아니라 당사자에게 보복을 당하게 된다. 상대방의 약점을 찌르는 비난은 결과적으로 상대방이 악의나 원한을 품게 하는 원인을 제공한다. 맹자는 "다른 사람의 좋지 않은 점을 말하고 다니다가 후환이 닥치면 어떻게 하겠느냐?"라고 반문했다. 데일 카네기는 "사람을 비난하는 것은 위험한 불꽃이다. 남을 비난하는 대신 그를 이해하려고 노력하라"라고 하였다.

설령 남이 한 일이
자신의 맘에 들지 않는다고 해도,
남을 탓하기 전에
자신에게 다른 사람을 포용할 수 있는
아량이 부족하거나
상대방을 설득할 수 있는 능력이
없다는 사실을 탓해야 한다.

사람은 완전하지 않다. 누구에게나 흠이 있다. 쇼펜하우어의 말대로 제아무리 아름다운 육체라 해도 그 내부에는 똥과 악취가 내장된 것처럼, 더없이 고귀한 인격자에게도 하나쯤은 나쁜 점이 있기 마련이다. 자신을 보더라도 좋은 점이 있는가 하면 나쁜 점도 있고, 착할 때도 있지만 착하지 않을 때도 있지 않은가. 그래서 남을 험담하는 것을 삼가야 하고 그 사람을 비난하기에 앞서 먼저 그 사람을 이해하려고 해야 한다.

남의 험담을 일삼으면 오히려 남으로부터 더 많은 험담을 듣게 되지만, 남을 칭찬하면 자신이 더 많은 칭찬을 듣게 된다는 사실을 잊어서는 안 된다. 공자는 "군자는 남의 아름다운 점을 도와 이루게 해 주고, 남의 악한 점을 선도하여 악을 저지르지 못하게 하지만, 소인은 이와 반대이다"라고 하였다.

남의 잘못에 대해 가혹하게 책망하지도 말아야 한다. 남의 잘못을 가벼이 넘겨서도 안 되지만, 그렇다고 너무 가혹하게 나무라서도 안 된다. 물론 잘못을 보고 나무라지 않는다면 그 사람은 자신의 잘못을 몰라 더 큰 잘못을 저지르게 될 것이다. 버릇없고 못된 아이들은 부모가 자식의 잘못을 보고도 이를 나무라지 않았기 때문이다.

하지만 가혹한 책망은 타인 존중의 원칙에 어긋난다. 상대방을 비판할 때는 빠져나갈 여지를 주고 비판해야 한다. 설령 상대방이 크게 잘못했을지라도 그렇게 해야 한다. 상대방을 지나치게 몰아

세우면 상대는 오히려 반감을 품고 뉘우치지 않는다. 그러므로 상대방을 비판할 때는 상대방이 잘못에 대해 감당할 수 있을 정도로 나무라야 한다.

상대방의 잘못을 탓할 때는 나쁜 감정을 사지 않도록 해야 한다. 너무 숨김없이 그대로 비난할 것이 아니라 부드러운 말로 넌지시 하는 것이 좋고, 직설적으로 말하기 어려우면 비유적으로 하는 것이 좋다. 또한 상대방이 한 번에 깨닫지 못하면 시간을 두고 몇 번이라도 되풀이하는 것이 좋다. 일시적인 격한 감정에 빠지지 않고 그 사람을 위하는 마음으로 충고한다면 상대방도 자신의 잘못을 진정으로 깨닫게 될 것이다.

또한 정직한 실수라면 관용을 베풀어야 한다는 것도 명심하자. 무슨 속셈이 있어 일부러 잘못을 저지른 것이 아니라면, 상대를 부드럽게 이끌어 자신의 편으로 만드는 것도 인간관계의 필수 조건이다.

남을 이유 없이 미워하지 말아야 한다. 누구나 준 것 없이 미운 사람이 있기 마련이다. 상대방을 전혀 알지도 못하는데 그냥 미운 감정이 들기도 한다. 이런 혐오감은 이성이 아닌 어리석은 감정에서 비롯된 것이다. 처음에는 싫어했어도 나중에는 가장 친한 친구가 될 수 있으니 사귐을 통해 그 사람을 제대로 알게 되기 전까지는 이성을 통해 미운 감정을 잘 다스릴 줄 알아야 한다.

타인 존중의 원칙을 실현하기 위해서는 아는 사람의 결점에도 익숙해져야 한다. 서로 얼굴을 맞대고 살아야 하는 사람이라면 마땅히 그 사람의 결점에 익숙해져야 한다. 상대의 결점을 물고 늘어져 봐야 분위기만 험악해진다. 인생의 동반자라면 더더욱 그렇다. 동반자의 결점을 물고 늘어지면 상대에게 상처를 주어 화를 키울 뿐이다.

상대방의 단점이 보기 싫다고 등을 돌리기보다는 단점에 익숙해지도록 노력해야 한다. 얼굴이 흉측한 사람도 계속 보면 익숙해져 혐오스러움이 사라지는 것처럼, 결점을 포용하다 보면 싫은 감정은 차츰 사라질 것이다. 하지만 결점을 자꾸 문제 삼으면 그것이 더욱 커져 보일 뿐이다. 그래서 홍자성은 "남의 작은 과실을 꾸짖지 말고, 남의 사사로운 비밀을 드러내지 말며, 남의 과거의 잘못을 드러내지 말라"고 하였다.

03
칭찬은 아끼지 말고 충고는 삼가야 한다

자로는 자신의 잘못을 지적받으면 기뻐했다.
그래서 지금은 그 이름이 후세에 남았다.
요즘 사람들은 자신의 잘못을 알고도 다른 사람에게 지적을 받으면 모른 척하는데,
이것은 마치 병을 가지고도 의사를 피하는 것과 같다.
죽어도 잘못을 인정하지 않으니 참으로 어리석다.
－주돈이周敦頤

우리는 누구나 다른 사람에게 인정받으려는 사회적 욕구가
있다. 이 욕구가 충족되지 않으면 강한 소외감을 느껴 사회에 적응
하지 못한 채 비관하며 살아가게된다. 반면, 사회로부터 인정을 받
으면 자부심을 느끼고 더욱 성취하려고 노력한다.

"선비는 자신을 알아주는 사람을 위해 죽는다"는 말처럼, 인간
은 자신을 알아주는 사람을 위해 목숨까지 내놓기도 한다. 월나라
왕 구천이 의로운 개구리에게 예를 올려 경의를 표하자, 군사들은

자신들이 용기를 내어 전쟁에 임한다면 개구리처럼 극진한 대우를 받을 것으로 생각하여 목숨을 아끼지 않고 싸움에 임했다. 한비자의 말처럼 임금의 칭찬 한마디가 목숨을 바치게 한 것이다. 그것은 인간이 그만큼 남에게 인정받기를 바란다는 증거다. 실용주의 철학자 윌리엄 제임스도 "다른 사람으로부터 인정받기를 갈망하는 것은 인간의 본성이다"라고 하였다.

그래서 칭찬은 아끼지 말고 충고나 비판은 아껴야 한다. 천 냥 빚도 말로 갚는 것처럼, 칭찬을 잘해야 한다. 칭찬은 약이 되지만 비판이나 충고는 독이 된다. 칭찬은 상대방의 자존심을 높여 영혼을 즐겁게 하지만, 비판은 자존심을 깎아내려 영혼을 아프게 한다. 그래서 칭찬은 많이 하고 비판은 적게 할수록 좋다.

그런데 어떤 사람은 자신의 잣대를 들이대며 남이 가진 좋은 점은 보지 않고 결점을 찾아 비난만 일삼는다. 이런 사람은 타인과 자신 모두에게 불행을 몰고 온다. 이들은 칭찬은 남에게 보이지 않는 큰 힘을 주어 많은 동지를 얻게 해 주지만, 비판은 남의 가치를 깎아내려 많은 적을 만든다는 사실을 모르는 것이다.

인격이 높은 사람은 상대의 좋은 점에 주목하지만, 인격이 없는 사람은 상대의 좋은 점을 외면하고 애써 나쁜 점을 보려고 한다. 불행은 밝은 곳보다 어두운 곳에 집착할 때 찾아온다. 그러므로 다른 사람의 장점을 키워 주고 싶다면 비판은 삼가고 칭찬하고 격려해야 한다.

물론 칭찬이라고 다 좋은 것은 아니다. 진실성이 없는 칭찬은 하지 않느니만 못하다. 진실성이 없다면 어린아이조차 그것이 거짓임을 눈치챈다. 가식적이거나 형식적인 칭찬을 받은 아이들은 오히려 자신이 능력이 없다는 것을 깨닫게 된다. 이는 아이에게 언어폭력을 행사하는 것과 다르지 않다. 그래서 칭찬도 지나치지 않도록 조심해야 한다. 한 심리학자는 "칭찬은 중요하지만, 공허한 칭찬은 칭찬이 아니다"라고 지적했다.

진심에서 우러나온 칭찬은 사람에게 용기와 자긍심을 심어 주고 인생의 활력소가 된다. 하지만 허황되고 공허한 칭찬은 처방을 잘못한 약처럼 오히려 해악을 준다. 칭찬받을 이유가 없는데 오히려 과장해서 칭찬할 경우, 상대는 자괴감에 빠지게 되며, 분별력이 없는 사람은 우쭐해져 오만과 독선에 빠지게 된다.

지나친 칭찬은 발전이나 화합도 저해한다. 사람들은 칭찬받기에 급급해져 공부나 일도 오로지 칭찬받기 위해 하게 된다. 더욱이 칭찬만 받다 보면 우쭐하여 오만과 독선에 빠지고, 자신이 잘났다고 생각하여 더 이상 노력하지 않으며, 다른 사람의 생각도 포용하지 않고 무시하게 된다. 칭찬만 받고 자란 아이들은 실패를 통해 인생의 진리를 배울 기회조차 박탈당하는 것이다. 지나친 칭찬은 진실하지 않은 허위이며 아첨일 뿐이다. 그래서 잘못된 칭찬은 아부와도 같으며 오히려 나쁜 영향을 준다.

아부는 상대방을 무조건 치켜세움으로써 궁극적으로는 파멸에 이르게 하는 독이다. 그래서 칭찬은 상대방이 칭찬받을 만한 일을 했을 때만 해야 하고, 무턱대고 하면 좋지 않은 결과를 가져오게 된다.

마찬가지로 아무런 공적이 없는 사람에게 상을 내려서도 안 된다. 그것은 정의에 어긋나는 일이며 열심히 하는 사람의 의욕을 꺾는 일이다. 상은 받을 자격이 있는 사람에게만 주어 사람들에게 노력하고자 하는 동기를 부여해야 한다.

아부와 같은 값싼 칭찬은 주지도 받지도 말아야 한다. 그래야 정의가 바로 서며 세상이 올바르게 돌아갈 수 있다. 한비자가 "공과 사를 구별하여 상벌을 엄격히 적용해야 한다"라고 말한 것도 세상을 바로 세우기 위함이다.

남에게 충고할 때도 아주 신중하게 해야 한다. 충고는 다른 사람이 잘못된 길을 가고 있을 때 이를 바로잡고 올바른 길로 이끌기 위해 하는 것이다. 그러나 충고를 통해 자신의 뜻을 전달하기가 쉬운 것은 아니다. 왜냐하면 충고하는 행위 자체가 충고하는 자는 옳고 충고받는 자가 옳지 않다는 것을 전제하기 때문이다. 그래서 충고는 자칫 상대방의 자존심에 상처를 주어 상대방의 분노를 끌어낼 수도 있다.

특히 윗사람에게 하는 충고는 더더욱 위험하다. 아랫사람이 윗사람에게 충고하는 것은 매우 건방진 행동으로 보이기 마련이다. 무수히 많은 역사 속 충신들이 왕에게 충언하다가 무고하게 죽임을

인격이 높은 사람은 상대의 좋은 점에 주목하지만,
인격이 없는 사람은 상대의 좋은 점을 외면하고
애써 나쁜 점을 보려고 한다.
불행은 밝은 곳보다 어두운 곳에 집착할 때 찾아온다.
그러므로 다른 사람의 장점을 키워 주고 싶다면
비판은 삼가고 칭찬하고 격려해야 한다.

당한 사실을 통해 윗사람에 대한 충고가 얼마나 조심스러운 일인지를 알 수 있다. 그래서 한비자는 "임금에게 득이 되는 충언은 듣기 거슬리기 때문에 지극히 성스러운 임금이 아니고서는 바로 듣지 않는다. 그러므로 군자는 말하는 것을 어렵게 여긴다"라고 하였다.

뭔가 도와주고 싶거든 가르치려 들지 말고 정보를 제공하여 스스로 잘못된 점을 깨닫도록 하고, 굳이 충고하고 싶다면 상대방의 기분에 거슬리지 않도록 부드럽게 해야 한다. 일단 받아들여야 하는 사람의 기분에 거슬리게 되면 상대방은 자기 정당화라는 방어벽을 치며 충고를 들으려 하지 않고 충고하는 사람에게 도리어 화를 낼 것이다. 그래서 충고를 할 때는 단점부터 말하지 말고 장점을 이야기한 뒤 단점을 지적하여 고칠 수 있도록 유도해야 한다. 단점만을 꼬집어 말하게 되면 이 역시 상대방의 자존심을 손상시켜 상대방을 공격적으로 만든다.

말하는 과정에서도 장황하게 설교하기보다는 간단하면서도 부드럽게 하여 상대방이 마음의 문을 열 수 있도록 하는 것이 좋다. 충고할 때는 "사람의 최대 병폐는 남의 스승이 되기를 좋아하고, 남을 가르치기를 너무 좋아한다는 것"이라는 맹자의 말을 상기하라. 만약 성심성의껏 충고를 했는데도 상대방이 받아들이지 않는다면, 적당한 선에서 그만두어야 한다. 그래야 상대방의 분노나 원망을 사지 않는다.

특히 윗사람에게 충고할 때는 신임이 전제되어야 한다. 신임이 없는 상황에서는 아무리 옳은 소리를 하더라도 윗사람은 자기를 비방하는 것으로 오해할 뿐이다. 그러므로 신망과 신임을 얻는 것이 먼저이다. 대인 관계에서도 이런 원칙은 적용된다. 나에 대한 신뢰가 없는 상황에서 충고하면 상대방은 그저 자기를 헐뜯는 것으로 간주할 것이다. 공자는 "임금의 신임을 얻은 후에 바른말로 간할지니, 신임을 얻지 못하고 간하면 자기를 비방하는 줄로 여길 것이다"라고 충고했다.

04
화가 날 때는 한 박자를 참으라

다른 사람의 미움을 사지 마라. 반감을 불러일으켜서는 안 된다.
반감은 청하지 않아도 곧 제 발로 찾아오기 때문이다.
많은 사람은 이유도 근거도 없이 제멋대로 미움을 품는다.
그들의 악감정은 우리의 따뜻한 마음을 앞지른다.

– 그라시안Gracián

다른 사람을 조금이라도 생각한다면 분노를 즉각적으로 표
출하지 말아야 한다. 분노할 때 내뱉은 말은 상대방에게 충격을 줄
수 있다. 어떤 말이든 내뱉는 사람은 속이 시원하겠지만 듣는 사람
에게는 치명적인 독이 될 수 있다. 그래서 함부로 분노를 표출해서
는 안 된다.

　물론 분노를 삭이는 것도 바람직하지 않다. 분노를 배출하지 않
으면 분노는 증오로 변하여 인간관계가 더욱 악화하거나, 자신에

게는 스트레스가 되어 건강을 해치기 때문이다. 더욱이 분노해야 할 것을 보고도 전혀 분노하지 않는 것은 자신의 무능력을 나타내는 것일 뿐이다. 불의를 보고 참지 않는 의로운 행동은 분노의 표출에서 비롯된다. 그래서 분노는 어떻게든 표출해야 하며 그것이 생산적일 때는 더욱 그렇다.

문제는 분노를 즉각적으로 표출해서는 안 된다는 것이다. 이것은 타인을 생각하지 않고 자기 관점에서 표출되는 것이기 때문이다. 설령 자신의 관점이 많은 이의 지지를 받는다 하더라도 상대방을 생각하여 즉각적으로 반응하지 않는 것이 좋다. 상대방에게 날린 화살은 다시 돌아와 자신의 심장에 꽂힐 수도 있다. 그래서 일단 분노를 표출하기 전에 마음의 평정이 무너지지 않도록 마음을 가라앉히고 분노를 표출했을 때 그로 인해 일어날 파급 효과를 생각해야 한다. 화내는 것이 맞는지 먼저 확인하고 분노를 처리할 수 있는 합리적인 방법을 찾아야 한다.

또한 분노의 파장이 어디까지 미칠지 그리고 분노를 표출할 적절한 시기가 언제인지를 판단해야 한다. 한번 표출한 분노는 거둬들일 수 없다. 인간관계에 치명적인 손상을 가할 수 있는 만큼 성급한 대응은 피해야 한다.

그리고 타인 존중의 원칙에 따라 상대방에 대한 포용력을 가져야 한다. 분노는 상대방을 배려하지 않고 포용하지 못할 때 발생한다. 다른 사람의 잘못을 용서하는 너그러움은 불평을 잠재울 수 있

분노는 상대방을 배려하지 않고
포용하지 못할 때 발생한다.
다른 사람의 잘못을 용서하는 너그러움은
불평을 잠재울 수 있고
타인을 배려하는 아량은
감사를 낳는다.

고 타인을 배려하는 아량은 감사를 낳는다.

우리는 칭찬을 받으면 한없이 좋아하고, 자신을 비난하면 불같이 화를 낸다. 그래서 오만하고 교만할수록 아부를 좋아하고 충언을 멀리하며 독선과 독단으로 일관하여 많은 사람의 반발을 산다. 오만은 누구에게도 도움이 되지 않는 최악의 상황을 연출할 수 있으므로 오만해지지 않도록 자존심을 억누를 필요가 있다. 특히 잘나갈 때일수록 오만하게 행동하지 않고 자신을 낮춰 겸손한 사람이 되도록 노력해야 한다.

춘추시대 초나라 명군 장왕은 연회장에서 자신의 애첩을 술김에 희롱한 부하를 그 자리에서 잡아서 죽일 수 있었지만, 분노하지 않고 술김에 그럴 수 있다고 여기고 무례함을 용서하였다. 그 결과 그 부하는 그것에 보답하여 전장에서 목숨을 걸고 싸워 나라에 큰 공을 세웠다. 장왕처럼 상대방을 이해하여 분노를 가라앉히고 용서를 베푸는 것은 서로를 위해 바람직한 행동이다. 만일 장왕이 분노를 참지 못해 그 부하를 죽였다면 오만하다는 평을 받은 것은 물론 용감한 부하만 잃었을 테니 말이다.

이처럼 현명한 사람이 되기 위해서는 포용력을 가져야 한다. 다른 사람이 잘못해도 눈감아 줄 줄 알고, 자신을 비난해도 분노하지 않고, 남의 말에 귀를 기울여 자신의 잘못을 고친다면 그만큼 발전할 수 있을 것이다. 마르쿠스 아우렐리우스는 "나는 동포에 대해 화를 낼 수 없으며 증오할 수도 없다"라고 하였다.

그리고 만일 자신이 힘들 때 무시당했다면 분노하기보다는 분노를 열정으로 승화시켜 성공하는 데 매진해야 한다. 출세로 보복하는 것이야말로 자기를 위한 제일 좋은 방법이다. 많은 사람이 성공한 사람에게는 시기하면서도 찬사를 보내지만, 실패한 사람은 동정하기보다는 경멸한다. 우리는 강한 자를 우러러보지만 약한 자를 짓밟으려는 습성을 가지고 있다. 그래서 동정을 구하거나 하소연을 하는 것은 사람들로부터 더 많은 경멸을 불러올 뿐이다.

　　이런 경멸에서 벗어나는 가장 좋은 방법은, "억울하면 출세하라"는 말처럼, 다시 세상에 나가 출세하는 것이다. 자신의 실패를 험담하고 경멸했던 사람들에게 성공한 모습을 보여주는 것보다 더 훌륭한 보복은 없다. 세상에서 얻은 성공이 크면 클수록 자신을 짓밟으려 했던 사람들에게 좌절감을 안겨 줄 수 있다. 성공 신화가 들릴 때마다 그들은 패배감을 맛보게 된다.

　　홍자성은 "사람들이 자신의 초라한 모습을 괄시한다고 해도 그것에 초연하라"고 조언했다. 내가 가난하여 다른 사람이 멸시한다고 해도 화를 낼 필요는 없다. 그 사람은 내 자신이 아닌 나의 초라한 행색을 무시했을 뿐이다. 무시해도 분노하지 않고 초연한 것이야말로 세상을 사는 지혜이다.

05

잘나고 못난 건 없다, 단지 다를 뿐이다

군자는 두루 사랑하여 편애하지 않지만,
소인은 편애하여 두루 사랑하지 않는다.
- 공자孔子

포용력이 있는 사람이 되기 위해서는 어떻게 해야 할까? 사람을 무시하거나 차별하지 말아야 한다. 이 세상에 쓸모없는 것은 아무것도 없다. 우리가 보기에 아무리 미천하고 보잘것없는 것도 크게 쓰일 때가 있다. 다윗 왕이 적군에게 포위되어 동굴에 숨었을 때 누구 덕에 살게 되었는가. 평상시 하찮게 여긴 거미가 거미줄을 치는 바람에 다윗 왕은 구사일생으로 살아나게 되었다. 그 후 다윗 왕은 거미를 죽이지 못하게 하였다고 한다.

하찮다고 생각하여 상대방을 무시하거나 차별하는 것은 인격이 모자란 것이다. 그런데 사람은 자신은 차별받지 않기를 원하면서도 남에게는 차별 대우를 한다. 특히 지배욕과 소유욕이 강한 사람들은 차별을 통해 자신의 지배욕과 소유욕을 충족하려 한다. 계급은 강한 자들이 약한 자를 지배하기 위해 고안한 것이다. 장자는 "도의 관점에서 보면 만물은 귀천이 없는데, 사물 쪽에서 보면 자신은 존귀하고 남은 천하게 보인다"라고 하였다.

그러나 사람을 차별하는 것은 사람의 권리를 침해함으로써 원망을 낳고 관계 악화의 골을 깊게 하는 결과를 가져온다. 모두가 같을 수 없기에 차별은 불가피한 측면이 있다 하더라도, 차별이 심화되면 정의가 사라져 결과적으로 국가의 질서가 흔들리고 만다.

그뿐만 아니라 뛰어난 인재는 천년에 한 번 나올까 말까 하다. 즉, 국가와 사회를 이끌어 갈 기둥들은 천재가 아니라 보통의 인재들이란 얘기다. 이런 보통 사람들이야말로 국가와 사회를 발전시키는 원동력이라 할 수 있다. 그러므로 혈연, 학연, 지연을 따져 차별하지 말고 사람을 널리 고용하는 문화가 정착되어야 한다.

차별하지 않으면 서로가 가족처럼 지낼 수 있다. 가정의 평화를 위해서도 자식을 차별해서는 안 된다. 차별 때문에 시기와 질투가 난무하여 가정의 평화가 깨지는 법이다. 가정과 사회의 안정, 국가 안녕의 근본은 서로를 존중하고 차별하지 않는 데 있다.

특히 학벌을 가지고 차별하지 말아야 한다. 사람을 판단할 때 능력으로 사람을 판단해야지 학벌로 판단하는 것은 집단 이기주의에 해당한다. 학벌이 좋다는 것은 읽기, 쓰기, 계산 능력, 개념 파악 등 학습 능력이 좋다는 것을 의미할 뿐이다. 학습 능력이 좋다고 해서 세상을 올바로 판단한다고 장담할 수는 없다. 공부는 잘할지 모르지만 현실에 어두운 사람이 있는 반면, 제대로 배우지 않고도 세상에 변화를 이끌어 내는 사람도 얼마든지 있다. 그러므로 학벌로만 사람을 평가하여 차별하지 말아야 한다. 학벌을 떠나서 사람 자체를 보아야 훌륭한 인재를 구해 성공을 쟁취할 수 있다.

포용력이 있는 사람이 되기 위해서는 한 번 실패했다는 이유로 누군가를 인생의 낙오자라고 여기지 말아야 한다. 실패는 누구나 하기 마련이며 성공도 실패의 과정을 거쳐 얻는 법이다. 그런데 사람들 대다수가 한 번 실패한 경험이 있는 사람을 인생의 낙오자로 취급한다. 이는 매우 어리석은 일이다. 그 사람은 인생의 낙오자가 아니라 인생을 살아가는 작은 순간에 어떤 일에 한때 실패한 것일 뿐이다. 결코 인생 자체를 실패한 것이 아니다. 실패한 사람도 얼마든지 실패를 딛고 다시 일어날 수 있다.

그런데도 사람들은 누군가 실패하면 그가 실패를 딛고 더 큰 사람으로 거듭날 수 있도록 위안을 주기보다는 자신에게 짐이 될까 봐 그 사람을 만나는 것조차 피하려 한다. 그러나 위인들 중 어느 누구도 실패를 거치거나 맛보지 않은 사람은 없다. 성공한 사람이라면 한 번쯤은 좌절의 쓴맛을 경험하였다. 그 경험을 통해 좀 더

작은 나무는 작은 대로
큰 나무는 큰 대로
각기 쓰임새가 따로 있다.

사람도 또한
각자 하고자 하는 일이 다르다.
그래서 사람을 쓸 때
각자의 적성에 맞게
일을 맡겨야 한다.

성숙한 사람으로 거듭날 수 있었던 것이다. 그러므로 한 번 실패했다고 해서 그 사람을 멀리하는 어리석음을 범하지 말아야 한다. 실패를 디딤돌로 삼아 더욱 크게 발전할 수 있도록 힘을 주는 사람이야말로 진정한 친구다.

또한 능력이 없다고 무시하지 말아야 한다. 능력이 없어도 상대방을 배려하는 착한 사람이 얼마든지 있다. 반면, 능력은 있지만 상대방을 깔보고 무시하는 사악한 마음의 소유자도 많다. 만약 능력이 없다는 이유 하나만으로 사람을 무시하고 능력이 있다는 이유만으로 우대한다면 세상은 정말 삭막해질 것이다. 장자는 날뛰는 사마귀를 보며 "남을 업신여기며 자신의 능력을 과시하려는 것이야말로 위험한 일이다"라고 충고했다.

진정한 지도자는 개개인의 장점을 살릴 줄 안다. 작은 나무는 작은 대로 큰 나무는 큰 대로 각기 쓰임새가 따로 있다. 사람도 또한 각자 잘하는 일이 다르다. 그래서 사람을 쓸 때 각자의 적성에 맞게 일을 맡겨야 한다. 각자의 장점을 살릴 수 있게 일을 배치하는 지도력이야말로 훌륭한 리더가 갖춰야 할 덕목이다. 반면, 이익만을 추구하는 사람은 대개 편파적인데, 이들은 대인 관계에서도 이해에 따라 무리를 지어 어울린다. 다시 한 번 강조하지만, 훌륭한 지도자일수록 누구도 편애하지 않고 두루 기용하고, 사람들의 장점을 최대한 살릴 수 있도록 인력을 배치하여 위대한 업적을 이뤄낸다. 반면, 편협한 지도자는 자기 사람들만 기용하여 협동을 깨트리고 결국 큰 성취를 얻지 못한다.

대인 관계에 있어 명심해야 할 중요한 사항이 또 있다. 아무리 자유로운 사회라고 해도 윗사람을 이기려 해서는 안 된다. 자신이 진정 성공하고 싶다면 윗사람을 이기려 하지 말고 윗사람의 위신을 세워 줄 줄 알아야 한다. 윗사람의 위신이 떨어지면 아랫사람을 다스릴 수 없다. 그래서 능력에 상관없이 윗사람은 누구나 아랫사람으로부터 존경과 대우를 받고 싶어 한다.

그런데 아랫사람이 윗사람의 의견에 반대하거나 이기려 하면 미움과 배척의 대상이 된다. 아랫사람이 윗사람의 주장을 반대하거나 이기려 하면 할수록 더욱 미움을 사 결국에는 함께할 수 없게 된다. "주군을 떨게 한 자는 몸이 위험하다"는 말처럼, 아랫사람의 우월한 능력이 드러나는 순간 경계의 대상이 되어 제거되기도 한다. 그래서 자신의 능력이 윗사람에게 잘 드러나지 않도록 숨기는 것 역시 현명한 처사다.

윗사람이 이야기할 때는 열심히 귀를 기울이며 반대 의견을 말하지 않는 편이 낫다. 설령 의견을 물어 오더라도 윗사람의 주장에 손상이 가지 않도록 신중하게 대답하여야 한다. 그래야 윗사람으로부터 인정을 받게 된다. 한비자는 "윗사람에게 진언할 때 먼저 윗사람의 마음을 읽고 난 뒤에 진언해야 다치지 않는다"라고 충고했다.

06
무엇이든 과하면 화가 된다

널리 은혜를 베풀면 세상을 평안하게 할 수 있고,
널리 은혜를 베풀지 못하면 처자를 지키지 못한다.
- 맹자孟子

남들에게 지나치게 은혜를 베풀지 마라. 남이 곤경에 빠져 있을 때 은혜를 베푸는 것은 마땅하지만 처음부터 많은 은혜를 베푸는 것은 좋지 않다. 처음에 은혜를 많이 베풀다가 나중에 베풀 수 없게 되면 상대는 고마움을 모를 뿐만 아니라 원한을 품게 되기도 한다. 그러므로 은혜를 베풀 때에는 처음에는 조금, 나중에는 많이 베풀도록 한다.

그런데 은혜도 지나치면 화가 된다. 넘치는 은혜는 상대방에게 심적 부담을 줄 뿐만 아니라 원한으로 작용할 소지가 있다. 지나친 은혜는 베푼 자에게는 우월감을, 은혜를 입은 자에게는 자괴감을 불러일으킬 수 있다. 그래서 은혜도 필요 이상으로 베푸는 것은 바람직하지 않다.

단, 은혜를 베풀었을 때는 갚을 것을 기대하지 않는 것이 좋다. 또한 은혜를 베풀었다고 공치사를 해서도 안 된다. 공치사는 상대에게 부담을 주고 상대의 자존심을 건드려 상대를 불쾌하게 만든다.

다른 사람이 베푼 은혜를 잊어버려서는 안 되지만 자신이 베푼 은혜는 기억하지 말자. 은혜를 베푼 것을 잊는다면 상대방이 부담을 느끼지 않아 원활한 인간관계를 유지할 수 있으며, 결국 상대방이 어려움을 딛고 일어났을 때 뜻하지 않은 보답을 받는 기쁨도 얻을 수 있다.

다른 사람을 물질적으로만 도와주는 것이 전부는 아니다. 자기 자신이 가진 것이 없을 때는 몸으로 도와주거나, 그것도 여의치 않을 때는 따뜻한 말로 정신적인 위안을 주고, 냉철한 말로 일깨워 주어 위급한 상황에 부닥친 사람을 얼마든지 구해 줄 수 있다. 그래서 다른 사람이 어려움에 부닥쳤을 때 물질적인 도움을 줄 수 없다면 상황에 따라 여러 가지 방식으로 도움을 주려고 시도해 보라.

또한 수시로 남에게 신세를 져서는 안 된다. 그것은 다른 사람에게는 폐를 끼치는 일이며 다른 사람에게 빚을 지는 것이다. 빚은 자유를 빼앗고 자신을 노예로 만들 뿐이다. 게다가 다른 사람의 손

은혜도 지나치면 화가 된다.
넘치는 은혜는 상대방에게 심적 부담을 줄 뿐만 아니라
원한으로 작용할 소지가 있다.
그러니 은혜도
필요 이상으로 베풀어서는 안 된다.

길을 자주 빌리다 보면 정말 크고 요긴한 일에 손을 내밀 수가 없게 된다. 다른 사람의 호의만큼 소중한 것이 없는 세상에서 사소한 것을 위해 호의를 구걸하는 것은 호의를 남용하는 것이다. 아주 특별한 경우가 아니면 신세 지지 않도록 하여 정말 필요할 때 도움을 받아야 한다.

남에게 도움을 받았다면 남이 베푼 은혜는 절대 잊어서는 안 된다. 은혜를 입었으면 언젠가 어려움을 딛고 일어섰을 때 반드시 보답해야 한다.

그런데 살면서 우리가 조심할 점은 다른 사람이 베푸는 것을 호의로만 생각해서는 안 된다는 것이다. 서로 이해관계가 복잡하게 얽혀 있는 상황에서 공짜를 바라는 것은 어리석은 일이다. 특히 이익이 얽혀 있는 관계에서는 의도적으로 호의를 베푸는 척하며 간계를 꾸밀 수도 있다. 이를 경계하지 않고 호의로 받아들이면 무서운 함정에 빠지고 만다. 고위 공직자들의 스캔들은 바로 이런 착각에서 비롯된다. 많은 것을 받다 보니 자신도 모르게 올가미에 걸려들어 부조리한 일에 연루되고 만다. 세상의 많은 부조리는 바로 간계를 호의로 받아들여 생긴다. 그러므로 다른 사람이 호의를 베푼다고 하여 무심코 받아들일 것이 아니라 그 이면의 속뜻을 파악해야 한다. 그래야만 무서운 함정에 빠지는 우를 범하지 않게 된다.

또 공을 세웠다고 그것을 떠벌리지 말고, 공을 함께 나누려고 해서도 안 된다. 공을 세웠다고 큰소리치는 건 위험을 자초하는 것이다. 공을 앞세워 너무나 많은 것을 요구하는 사람이 생길 수도 있고, 탐욕스러운 자가 모든 공을 독차지하려고 목숨을 위협할 수도 있다. 조조의 친구 허유는 조조군이 원소를 물리쳤을 때 죽음을 무릅쓴 장수들의 공은 무시하고 자기 덕에 원소를 물리쳤다고 대놓고 공치사하다가 맹장 허저에게 목이 달아나지 않았던가.

공을 함께 나누려고 하면 서로 시기하고 질투하여 암투가 벌어지고 만다. 유방을 도와 혁혁한 공을 세운 장량과 한신의 운명은 완전히 엇갈렸다. 장량은 일찍이 공을 같이 나누는 것이 위태롭다는 사실을 깨닫고 천하 통일을 이루자 미련 없이 유방을 떠났다. 덕분에 목숨을 구할 수 있었다. 하지만 한신은 공을 세웠다는 이유로 눌러앉는 바람에 토사구팽을 당해 죽음을 맞이하는 비운의 장수가 되었다.

옛말에 "공이 천하를 덮는 사람은 상을 받지 못한다"고 하였다. 공이 너무 크면 은혜를 갚을 길이 없다. 그래서 공이 너무 많은 사람은 위정자에게 부담스러운 존재일 뿐이다. 그러므로 공을 세웠어도 공을 나눠 그 대가을 얻으려 하지 말고 미련 없이 떠나가야 한다. 그것이 처세의 한 방법이다.

07
예의는 큰 성과를 얻는 투자이다

이 세상을 살아가려면 다른 사람에게 양보하는 마음가짐을 잃지 말아야 한다.
한 걸음 물러서는 것은 한 걸음 나아가기 위한 전제 조건이다.
인간관계에서도 되도록 관대함을 가지는 것이 좋다.
다른 사람을 위해 도모하는 일이 결국에는 자신의 이익으로 돌아오는 법이다.

－홍자성洪自誠

남들에게 존중받으려면 남을 존중해야 한다. 사람은 상대가
어떻게 대하느냐에 따라 상대를 똑같이 대한다. 맹자는 "임금이 신
하를 자기의 손발같이 대하면 신하도 임금을 자신의 배와 가슴처
럼 여기고, 임금이 신하를 쓰레기같이 대하면 신하도 임금을 원수
처럼 대한다"라고 말하며 자신이 대접받고 싶으면 상대방을 먼저
대접해야 한다고 강조하였다.

　이 원칙에 따르면 다른 사람을 비난함으로써 자신의 불만족을

보상받으려는 것은 어리석은 행동이다. 증오는 증오를 낳고 미움은 미움을 낳을 뿐이다. 그러므로 남들에게 존경과 인정을 받으려면 상대방을 먼저 존중해야 한다.

또한 다른 사람의 호의에 감사할 줄 알아야 한다. 사람들은 자신이 잘나서 성공한다고 생각하고 다른 사람의 고마움을 잘 모른다. 그러나 아무리 훌륭한 사람도 다른 사람의 도움과 협조 없이는 하루도 제대로 지낼 수 없다. 그러므로 항상 다른 사람에게 감사하는 마음을 가져야 한다.

이런 마음을 가지면 결국은 자신이 하고자 하는 일을 다른 사람이 기꺼이 도와주고 동참해 주어 성취하기가 쉽다. 다른 사람의 도움을 받다 보면 혼자서는 불가능한 일도 이룰 수 있게 된다. 우리는 누구나 필요한 모든 것을 가지고 있지 않다. 그래서 사람들로부터 도움을 받아 자신의 부족한 부분을 채워야 한다.

사람들로부터 호의를 사기 위해서는 자신이 남보다 잘났다고 생각하여 스스로 거리를 두어서는 안 된다. 아무리 본인이 능력이 있다고 생각해도 진심 어린 충고에는 귀를 기울여야 하고, 절대 권력을 가졌어도 대중의 의견에 귀를 기울여야 한다. 또한 만나는 사람에게 눈높이를 맞춰 대해야 한다. 학식 있는 사람은 교양 있게 대해야지 함부로 대해서는 호의를 얻을 수 없다.

나아가 상대방의 진심 어린 호의를 얻으려면 상대방에게 감사해야 하며 때에 따라서는 자신이 먼저 베풀어야 한다. 그래서 공자는

증오는 증오를 낳고
미움은 미움을 낳을 뿐이다.
그러므로
남들에게 존중과 인정을 받으려면
상대방을 먼저 존중해야 한다.

"자신이 하고 싶은 것을 상대방에게 먼저 베풀어야 한다"라고 강조하였다. 내가 칭찬받고 싶거든 상대방을 먼저 칭찬하고, 사랑받고 싶거든 먼저 사랑해야 한다. 그러면 나 자신도 그 사람으로부터 칭찬받고 사랑받을 수 있다.

다른 사람의 기분을 맞추어 처신할 줄도 알아야 한다. 상대방의 기분에 아랑곳하지 않고 내키는 대로 행동하는 것은 상대방을 무시하는 처사이다. 이런 행동은 불쾌감을 주기 때문에 그 사람과 멀어지게 한다. 그래서 상대방의 기분을 파악하고 거기에 맞게 처신하여 상대방의 호의를 얻도록 해야 한다.

그리고 다른 사람으로부터 존경받고 싶으면 예의 바른 사람이 되어야 한다. 정중할수록 상대방에게 그만큼 감사한 마음을 전할수 있다. 정중한 자세는 상대방을 존중하는 마음을 보여 주기 때문이다. 그래서 정중한 사람은 상대방의 존중과 공손함을 쉽게 얻는다.

예의는 돈 들이지 않고 매우 큰 성과를 얻는 투자이다. 예의가 바르면 최고의 자리를 예약해 두는 것과 같다. 반면, 무례한 행동은 모든 사람에게 반감을 산다. 무례함과 오만불손함은 상대방을 무시하는 표현이므로 상대방에게 경멸을 당하게 된다. 그러므로 다른 사람으로부터 사랑을 받으려면 예의 바른 사람이 되어야 한다.

자신의 적이라 해도 정중하게 대해야 한다. 그러면 상대도 무례하게 행동하지 않을 것이다. 다른 사람을 존경하는 자는 존경을 받는 것처럼 다른 사람에게 정중한 사람은 정중한 대접을 받는다. 쇼펜하우어는 "예절은 지혜로운 자가 지키는 일이고, 무례는 어리석은 자가 지키는 일이다"라고 하였다.

너무 강직해서도 안 되고, 남과 어울릴 줄 알아야 한다. 내가 기분이 좋을 때 주위의 분위기는 삭막할 수 있고, 내 기분이 우울할 때 세상은 활기차게 돌아갈 수 있다. 이럴 때 현명한 사람이라면 주변 분위기에 자신을 맞추려고 한다. 그러나 주변 사람에게 자신의 기분에 맞추도록 강요하는 사람도 있다. 이런 사람은 분위기를 망쳐 모두를 불쾌하게 한다.

모든 사람이 즐겁게 놀고 있는데 혼자서 인상을 찌푸리고 있으면 따돌림의 대상이 된다. 혹시 따돌림을 당한다면 근본적으로 자신에게 문제가 있는 것은 아닌지 곰곰이 자신을 돌아보아야 한다.

또한 여러 사람이 좋아하는 것을 혼자 배척해서는 안 된다. 모두가 좋아하는데 혼자서 싫어하면 다른 사람에게 조롱거리가 될 뿐이다. 특히 자신의 선택이 좋지 않은 결과를 가져올 때는 위신을 잃고 배척을 받는다.

그래서 자신의 위신이 깎이지 않는 한 대다수가 원하는 일을 해야 한다. 혼자서만 점잖게 구는 것은 거만함을 드러내는 것이다. 분위기에 따라서는 자신이 싫더라도 필요에 따라 노래를 불러야 하고 싶어하는 음식도 맛있게 먹어야 한다. 혼자 돋보이고자 하거나 깨끗한 척하는 것도 주위 사람들에게 불쾌감을 주어 혐오의 대상이 된다.

o8
가치 있는 교육으로 가는 길

인간은 태어나면서부터 이익을 좋아한다.
그런 본성에 따르기 때문에 남을 해치고,
다투며 질서나 도덕을 파괴한다.
그러므로 스승의 지도를 받아야 하고,
예의에 따른 교화가 필요하다.
－순자荀子

아이들은 나라의 미래이며, 교육은 국가의 미래를 결정한다.
그러므로 올바르게 자라도록 어려서부터 철저하게 교육을 시켜야
한다. 그런데 요즘에는 적은 수의 아이를 낳아 키우다 보니 금지옥
엽으로 대해 일반적으로 버릇없는 아이들이 많다.

그래서 좋지 않은 인성의 싹이 자라지 않도록 어릴 때 잘 지도해
야 한다. 버릇없게 행동하는데도 기를 죽이면 안 된다는 이유로 내
버려 둔다면 이는 어른들의 직무 유기에 해당한다. 오늘날 교육은

의도와는 정반대로 아이들의 폭력성과 야만성을 키우고 있다. 성적 지상주의는 아이들의 경쟁심만 키우며, 일생의 지팡이가 되는 인성에 대한 교육은 무시한 채 지엽적인 학습 능력만 강요하고 있다. 그래서 오늘날 미래를 짊어진 아이들의 야만성이 그대로 드러나고 있는 것이다.

아이들이 난폭해지는 이유는 인간성이 고갈되어 가고 있기 때문이다. 아이들의 세계는 어른 세계의 축소판인 셈이다. 아이들이 친구를 괴롭히는 것도 어른들의 사악한 감정이 아이들에게 그대로 전염되었기 때문이다. 또 교사가 자기 자식을 나무랐다는 이유로 달려가 교사를 폭행하는 어이없는 경우가 발생하는 것도 어리석음의 발로다.

경쟁만 부추기는 야만적인 교육은 밝은 미래를 위해 그만두어야 한다. 경쟁은 불가피하지만 그보다는 상호 협력의 중요성이 강조되어야 한다. 학교에서는 지능 교육에 치중할 것이 아니라 인성 교육에도 힘써야 한다. 오늘날 영어나 수학에 목매는 것은 교육의 진정한 목적을 왜곡하는 것이다. 다시 말해 수단이 목적을 지배하는 주객전도의 오류에 빠진 것이다. 진정 우리 자신을 위하고 자녀를 위하고 사회를 위한다면 인문 교육의 중요성을 강조해야 한다.

또한 맹자의 주장처럼 지식 전달이 교육의 주목적이 되어서는 안 된다. 교과서 위주의 교육은 관념적이어서 때로는 현실성이 떨어지고 책에 대한 거부감만 들게 할 뿐이다. 아이들에게 책은 세상을 이해하는 안내문이 아니라 암기할 대상이 되어 버리기 때문이다. 그러므로 아이들에게 삶의 현장에서 실제로 필요한 것들을 배울 수 있는 기회를 반드시 만들어 주어야 한다.

그런데도 지금 우리나라 교육은 영어와 수학에 목을 매고 있다. 발명가를 양산하는데 왜 영어로 수업을 해야 하고, 미래의 예술가에게 왜 영어나 수학을 강요해야 하며, 인문학도가 왜 수학을 반드시 배워야 하는지 의문이다. 이런 웃지 못할 일이 벌어지고 있지만, 누구 하나 발 벗고 나서는 사람이 없다.

아이들이 삐뚤어지는 것도 교육 자체에 문제가 있기 때문이다. 교육이 세상의 흐름과는 전혀 다른 방향으로 흘러가고 있으니 말이다. 이런 잘못된 방향을 바로잡기 위해서는 영어와 수학을 강조하는 천편일률적인 교육 방식에서 벗어나야 하며, 무엇보다 인성 교육에 힘써야 한다. 인성은 살아가는 데 매우 중요한 것이다. 한 사람의 긴 인생에서 미래가 그것에 달려 있기 때문이다.

세상은 관념이 아니라 현실이다. 그러므로 글공부만 시켜서는 안 된다. 삶의 현장이 곧 교육의 현장이라는 사실을 명심할 필요가 있다. 그래서 교육은 놀이를 통해서 이루어지기도 해야 하고, 실생활을 통해서 이루어지기도 하며, 사람과 사람이 부딪히면서 이루어져야 한다. 또한 자연과 벗하면서 이루어져야 한다. 그래야 아이들은 글과 현실의 조화를 통해 건전한 인간으로 성장할 수 있다.

부모는 자식들에게 많은 돈을 남기는 것보다 사는 방법을 터득

세상은 관념이 아니라 현실이다.
삶의 현장이 곧 교육의 현장이라는 것을
명심할 필요가 있다.
그래서 교육은
놀이를 통해서 이루어지기도 해야 하고,
실생활을 통해서 이루어지기도 하며,
사람과 사람이 부딪히면서
이루어져야 한다.

하도록 하는 것이 더 중요하다. 이것이 바로 자식을 위하는 길이다. 이는 유대인들이 강조하는 생활신조로 모든 사람이 공감할 수 있는 해결책이다. 부모는 어떻게 하면 자식들이 편안하게 살 수 있을지를 먼저 생각한다. 그래서 대개 부모는 자식에게 많은 재물을 남겨 주려고 한다. 그러나 물고기 한 마리를 남겨 주면 하루밖에 살지 못하지만, 물고기 잡는 방법을 가르쳐 주면 평생을 살아갈 수 있는 법이다. 그래서 모름지기 사는 방법을 가르치는 부모가 재물을 많이 남겨 주는 부모보다 현명하다고 하였다.

부모가 남겨 준 재물은 자식들에게는 눈먼 돈이 되기 쉽다. 스스로 노력하여 번 돈이 아니기 때문에 자식들은 돈의 소중함을 알지 못한 채 방탕한 생활로 돈을 날려 버리기 쉽다. 어린 시절 부유하게 자란 사람이 마흔쯤 되어 거지가 되는 경우도 부모가 남겨 준 돈을 인생을 탕진하는 데 썼기 때문이다. 그래서 자식들에게는 돈이 아닌 살아가는 기술과 지혜를 물려주고, 돈은 사회에 환원하는 것이 현명한 방법이다.

게다가 현명한 부모라면 살아생전에 모든 돈을 자식들에게 주지 않는다. 자식에게 모든 돈을 주는 것은 자식을 위하는 것도 아닐 뿐만 아니라 자신을 비참하게 만드는 어리석은 행동이다. 돈을 자식에게 모두 주고 나면 문전박대의 신세로 전락할 수 있다. 인간의 사랑은 내리사랑이다. 부모는 자식에게 모든 것을 주어도 아깝지 않지만, 자식은 그렇지 않다는 사실을 알아야 한다. 특히 부모에게서 받기만 한 자식은 부모가 주지 않으면 화를 내고 뭔가를 받으면 부모를 야박하게 대한다.

어리석은 부모는 모든 재물을 살아생전에 자식에게 주고 자식들의 눈치를 보며 얹혀산다. 노년에 천덕꾸러기로 전락하지 않으려면 노년을 풍요롭게 보낼 수 있는 재물을 손에 쥐고 있어야 한다. 돈을 쥐고 있을 때 자식들이 부모의 눈치를 살피며 더 잘한다는 것은 슬프지만 만고의 진리이다.

제6부

일을 훌륭하게 해내는 길

O I

처음의 마음을 잃지 마라

작은 일의 처리에도 소홀히 하지 않는다.
다른 사람이 보지 않는 곳에서도 나쁜 일에 손대지 않는다.
실의에 가득 찼어도 중도에 그만두지 않는다.
이래야만 비로소 훌륭한 인물이라 할 수 있다.

— 홍자성洪自誠

전혀 가능성이 없어 보이는 일은 과감히 포기해야 한다. 가
능성이 없는 일을 끝까지 끌고 가는 것은 파국으로 가는 지름길이
다. 가능성이 없는 일에 매달리다 보면, 자신의 힘과 열정을 소진
하고 끝내 지쳐 버리게 된다. 가능성이 없는 일이라면 처음부터 손
을 대지 않는 것이 상책이다. 그리고 이미 손을 댔다면 최대한 빨
리 손을 떼야 피해를 최소화할 수 있다.

　그렇지만 조금이라도 가능성이 남아 있다면 때를 기다리며 중도

에 포기하지 말아야 한다. 조급하게 군다고 상황이 나아지는 것은 아니다. 조급하게 굴면 상황이 오히려 악화될 수 있다. 남보다 앞서 가기 위해 서두르다 보면 더 좌절하고 절망하게 된다. 아직 시기가 무르익지 않아 때를 기다리며 좀 더 노력해야 하는데도 하루 빨리 이루려고 하면 제대로 되는 것이 없을 뿐이다.

성공이나 행복은 원하는 대로 빨리 오지 않는다. 짓궂은 운명처럼 세 박자 늦게 오거나 쓰러지기 직전에 찾아오기도 한다. 그래서 조급한 사람들은 쉽게 자포자기하여 상실감에 빠진다. 급할수록 돌아가라는 말은 예나 지금이나 변하지 않는 진리이다. 조급함에 쫓기지 않고 마음의 여유를 가지고 때를 기다리면 기회는 반드시 찾아온다.

자신이 원하는 것을 성취하기 위해서는 시간과의 싸움을 견뎌낼 수 있어야 한다. 그래서 불가피한 상황이 아니라면 끝까지 인내하고 중도에 포기해서는 안 된다. 중도에 포기하면 아예 하지 않은 것만 못하다. 지금까지 한 모든 노력이 허사가 되기 때문이다. 맹자도 "어떤 일을 한다는 것은 우물을 파는 것과 같은데, 아무리 깊이 파고들어 갔다 하더라도 지하수가 솟는 데까지 도달하지 못한 채 그만둔다면 그것은 우물 파기를 중도에 포기한 것과 같다"라고 하였다.

일하는 도중에 그만두는 이유는 대개 능력이 부족해서가 아니라 의지가 약하기 때문이다. 아무리 힘겨운 일이라도 한결같은 마음

어떤 일을 한다는 것은
우물을 파는 것과 같은데,
아무리 깊이 파고들어 갔다 하더라도,
지하수가 솟는 데까지 도달하지 못한 채 그만둔다면
그것은 우물 파기를 중도에 포기한 것과 같다.

으로 끝까지 행한다면 좋은 결과에 이를 수 있다. 강력한 의지만 있다면 아무리 큰 산이라도 옮길 수 있다.

하던 일을 중도에 포기하고 다른 일을 새로 시작하는 것 또한 낭패를 보기 마련이다. 새로운 일에 손을 대면 또다시 과정을 반복해야 하는데 실패한다면 시간만 낭비하는 것이다. 한 가지 일에 진득하게 몰입하지 않고 이것저것 손대는 사람은 어느 것도 성공하지 못하는 경우가 많다.

그래서 중도에 포기하기보다는 인내하며 때를 기다릴 줄 알아야 한다. 중도에 포기하고 싶을 때는 마음을 차분히 가라앉히고 일이 풀리지 않는 원인을 분석하고 처음 시작할 때의 마음을 떠올려 보아야 한다. '처음과' 한결같은 마음이야말로 엄청난 시련도 뚫고 나갈 수 있는 위대한 정신이다.

02

시간을 견뎌 내야 얻을 수 있다

백번 적중하기보다 한 번 실수하지 않도록 하라.
빛나는 태양은 아무도 보지 못하지만 지는 해는 누구라도 볼 수 있다.
세상 사람들의 평판은 그대가 성공한 일이 아니라,
실패한 일로 향한다.
좋은 일에 대한 찬사보다는 나쁜 일에 대한 험담이 더 멀리 간다.

─그라시안Gracián

조급하면 두서없이 일을 진행하게 되기 때문에 일을 그르치게
된다. 그래서 조급하게 행동하지 말아야 한다. 조급하게 행동하지
않으려면 어떻게 해야 할까? 섣부르게 성공을 바라지 말아야 한
다. 하루아침에 이루어지는 것은 없다. 성공을 원한다면 조심스럽
게 계획하고 꾸준히 노력해야 한다. 일에 전력투구하지 않으면서
빨리 성공하기를 바라는 것은 요행을 바라는 것일 뿐이다. 실적을
쌓기 위해서는 용기를 갖고 시작하는 것도 중요하지만 지속해서

일을 행하는 것이 더욱 중요하다.

자르고, 썰고, 쪼고, 갈아서 옥을 만드는 것처럼 모든 일에는 절차가 있고 과정이 있기 마련이다. 그런데 빨리 성과를 내는 데에만 급급해 이런 과정을 무시한다면 결과가 좋을 리 없다. 설사 행운이 따라 성과를 얻었다 해도 쉽게 무너질 수 있다.

《대학》에서는 "세상의 모든 일에는 처음과 끝이 있다. 그러니 앞뒤를 제대로 안다면 반드시 목표에 도달할 수 있다"라고 했다.

세상의 일에는 흐름이 있고 대세가 있다. 그런데 우리는 무리하여 큰 업적을 쌓으려고 흐름과 대세를 거스르고는 한다. 이때 업적을 쌓을 요량으로 강하게 개혁을 밀어붙이면 반대에 부딪히고 만다. 수많은 개혁이 실패한 원인도 시대를 너무 앞서 갔기 때문이다.

마찬가지로 시대에 역행하는 개혁 역시 파행으로 가는 것은 불가피하다. 시대적 과업을 파악하지 못하고 업적을 위해 급격한 개혁을 추진하면 과격하다는 평판을 얻게 된다. 이는 매우 위험한 도박이다. 그래서 개혁을 하려면 전후좌우를 살피며 대세의 흐름에 크게 어긋나지 않는 선에서 조금씩 점진적으로 해야 한다.

잘못된 관행이라 하더라도 서둘러 뜯어고치려 해서는 안 된다. 역사의 훌륭한 인물들은 과거의 잘못된 관행도 앞날을 내다보며 서둘러 고치려 하지 않았다. 가톨릭을 거부하고 신교를 받아들인 영국의 엘리자베스가 존경받았던 것도 자신이 당했던 수모를 잊고 과거와의 단절이라는 과격한 개혁을 단행하지 않았기 때문이다.

하루아침에

이루어지는 것은 없다.

세상을 얻으려면

조심스럽게 계획하고 꾸준히 노력해야 한다.

반면, 많은 정치가는 자신의 공적을 높이기 위해 섣불리 과거와의 단절을 선언하기 때문에 실패하고 만다. 이것은 급격한 변화를 싫어하는 대중의 심리를 모르고 자신의 능력을 과시하려는 성급함에서 비롯된다.

또한 남이 알아주지 않는다고 해서 상심하지 말아야 한다. 인정받는 데는 많은 시간이 걸린다. 어떤 일을 추진할 때 바로 성과가 나타나는 것은 아니며 성과가 나타나기까지 시간이 소요된다. 특히 그 일이 창조적일 때는 더욱 그러하다. 지금까지 볼 수 없었던 진정한 성과가 사람들의 인정을 받기까지 오랜 세월이 걸릴 수도 있다. 불후의 명작 중에는 사람들에게 인정받는 데 몇 세대가 걸린 것도 많다. 이런 일이 흔히 일어나는 이유는 사람들이 제대로 평가할 수 없기 때문이다. 사람들의 호기심을 자극하여 존경을 받기란 결코 쉽지 않은 일이다. 공자조차 남이 자신을 알아주지 않는다고 통탄한 적이 있다.

인정받고 싶은 마음에 성급하게 미완성의 작품을 보여 주는 것 또한 좋지 않다. 미완의 작품을 보이면 칭찬을 받기는커녕 오히려 이미지만 실추된다. 한번 실추된 이미지는 만회하기가 상당히 어렵다.

그러므로 자신의 원대한 꿈을 이루기 위해서는 남들에게 인정받는 데 신경쓰지 말고 꾸준히 충분한 노력을 기울여야 한다.

03
큰 문제는 사소한 것에서 발생한다

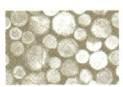

높은 제방도 개미나 땅강아지의 작은 구멍으로 무너진다.

－한비자韓非子

일을 할 때는 적당히 대충대충 하지 말고 신중하게 해야 한다. 한마디 무심코 던진 말로 원수를 살 수 있듯이, 사소한 부주의가 큰 재앙을 가져올 수 있다. 긴 안목을 가진 사람은 소소한 일도 적당히 넘기지 않는다. 그러나 대부분은 작고 사소한 문제는 그냥 지나쳐 버린다.

백성의 불만이 하나하나 쌓이면 반란이 일어나듯이, 큰 불행에는 반드시 조짐이 있기 마련이다. 작은 문제가 쌓이면 돌이킬 수 없는 큰 문제로 발전한다. 그러므로 작은 일이지만 좋지 않은 일이 계속해서 일어난다면 반드시 그 원인을 찾아내야 한다. 그래서 감당할 수 없는 불행한 사태로 번지지 않도록 사전에 손써야 한다. 닥쳐올 크나큰 불행을 미리 방지하려면, 작은 일이라도 소홀히 하면 안 되며 작은 변화에도 신중히 대처해야 한다. 노자는 "천하의 어려운 일은 반드시 쉬운 것에서 시작하고, 천하의 큰일은 반드시 아주 작은 것에서 시작한다"라고 지적하였다.

또한 성가신 일이라고 하여 방치해서는 안 된다. 어떤 일을 하든지 하기 싫은 일이 있고 자질구레하여 하기 싫은 일이 있기 마련이다. 이런 하기 싫은 일들 때문에 중도에 포기하는 사람도 있다. 그러나 이는 신중하지 못한 태도이다. 성공하기 위해서는 귀찮고 하기 싫은 일도 참고 해내야 한다.

쉬운 일이라 하여 너무 쉽게만 생각하는 것도 신중하지 못한 태도이다. 쉽게 생각하면 부주의해져 일을 그르치고 만다. 반대로 어려운 일이라 하여 너무 어렵게만 생각해서도 안 된다. 너무 어렵게 생각하면 소심해지고 위축되어 일할 엄두를 내지 못한다. 그래서 쉬운 일을 할 때는 방심하지 않도록 신중해야 하며, 어려운 일을 할 때는 용기를 내어 부지런히 노력해야 한다. 그렇다면 불가능한 일도 가능한 일로 얼마든지 바꿀 수 있다.

일에 진전이 있으려면 일하는 방식도 중요하다. 부단히 새로운 방법을 고안하고 시도해야 한다. 고이는 물은 썩기 마련이다. 일하는 방식이 구태의연하면 경쟁에서 살아남기 어렵다. 우리가 끊임없이 연구하고 고민해야 하는 이유도 일하는 데 있어서 새로운 방법을 찾기 위함이다. 요즘과 같은 경쟁사회에서는 끊임없이 연구하여 새로운 것을 발견해야 발전이 따르고 경쟁에서 밀리지 않는다.

또한 뒷일도 생각해야 한다는 것을 강조하고 싶다. 시작도 중요하지만, 우리는 항상 끝날 때를 생각해야 한다. 끝이 좋지 않으면 시작이 아무리 화려해도 소용없다. 그러므로 항상 끝을 생각하고 처신해야 한다. 지금 당장 좋다고 해서 부정한 방법으로 이득이나 영광을 취하면 결국 끝에 가서는 모든 사람으로부터 비난과 모욕을 받게 된다. 그래서 어떤 일을 시작할 때는 과연 이 일을 하는 것이 후회되지는 않을지 먼저 탐색해야 한다. 만일 조금이라도 후회할지도 모른다는 생각이 들면 설령 그 일을 하고 싶은 마음이 크다고 해도 하지 말아야 한다. 나중에 후회하게 될 것을 미리 알고 자신을 억제할 수 있다면 모든 일에 그르침이 없을 것이다.

현명한 사람은 항상 뒷일도 생각하여 보통 사람처럼 대충 상황을 파악하고 지금 당장 눈에 보이는 문제에만 몰두하지 않는다. 전체 상황을 정확히 파악하여 확실한 계획을 수립하고 대책을 강구하여 그때그때 변경할 필요가 없도록 처리한다. 이처럼 작은 일에도 소홀함이 없이 미래까지 준비하는 사람이야말로 경쟁에서 살아남아 성공인이 될 가능성이 크다.

또한 실패할 경우도 반드시 생각해야 한다. 물론 긍정적으로 생

천하의 어려운 일은
반드시
쉬운 것에서
시작하고,
천하의 큰일은
반드시
아주 작은 것에서
시작한다.

각하는 것은 좋지만 모든 것이 수포로 돌아갈 수 있다는 사실을 늘 염두에 두어야 한다. 그래야 극한 상황으로 가기 전에 상황을 만회할 기회를 얻을 수 있다.

세상은 언제나 자신의 뜻대로 움직이지 않는다. 운명의 짓궂은 장난은 될 것 같은 일도 불발로 끝나게 한다. 하지만 우리는 장밋빛 청사진을 그리며 앞서 나가고는 한다. 확신이 지나쳐 모든 일이 잘될 것이라고 속단하며 모든 것을 걸고 모험에 나서지만 세상은 우리에게 항상 호의적이지 않다.

더욱이 세상은 늘 변하기 때문에 아무리 생각을 깊게 해도 우리의 생각은 그 변화를 따라가기 어렵다. 언제 어느 때 생각지도 못한 변수가 나타날지 알 수 없다. 1997년 우리나라를 강타한 환란을 어느 누가 예견했겠는가? 그래서 어떤 일을 할 때는 항상 좋게만 생각해서는 안 되며 실패했을 때를 대비해 놓아야 한다. 실패했을 때 감당할 수 없는 빚을 지면서까지 사업을 벌이는 것은 무모한 행위이며 스스로 무덤을 파는 것이나 다를 바 없다.

안 될 때를 대비해 미리 대책을 세워 놓아야 한다. 토끼가 맹수의 습격을 받을 때를 대비하여 굴 세 개를 파 놓는 것처럼, 우리 역시 좋지 않은 결과를 대비해 만반의 준비를 해야 한다. 그래야 다시 일어설 수 있는 발판을 마련할 수 있다. '도 아니면 모'라는 식으로 한 곳에 몽땅 투자하는 것은 무모하다. 그라시안은 "모든 능력과 일을 한꺼번에 소진하지 마라. 나쁜 결과에 빠질 위험에 있을 때 빠져나갈 수 있는 여지를 남겨 두라"라고 하였다.

그러나 심사숙고하여 일을 시작하였다면 뒤를 돌아다보지 말고 최선을 다해야 한다. 이미 주사위가 던져졌다면 최선을 다해 정진하고, 앞으로 다가올 위험에 대해 너무 근심하지 말아야 한다. 자기 운명에 대해 자신이 책임을 지겠다는 각오로 열심히 일하고, 실패했을 때는 운명의 장난이라고 위안하며 자신이 무엇을 잘못했는지 반성하고 새로운 돌파구를 찾도록 해야 한다. 그러면 언젠가는 반드시 승리의 여신이 미소 짓는 날이 찾아올 것이다.

04
의심이 들면 뛰어들지 마라

큰 간격을 메워야 하는 일에는 덤벼들지 마라.
앞사람을 능가할 확신이 설 때만 그렇게 하라.
그 사람에게 버금가는 사람이 되는 데는 곱절의 노력이 필요하다.

– 그라시안Gracián

남보다 앞서 행동하되 너무 앞선 일에 덤비지 말아야 한다. 달리기에서 먼저 출발한 자가 유리하듯 어떤 일에서도 먼저 행동하는 사람이 유리한 고지를 선점하기 마련이다. 그래서 어떤 일을 할 때 누구나 먼저 시작하려고 한다. 그러나 무조건 앞서 나가는 것이 좋은 것만은 아니다. 아무도 하지 않은 일이라면 더욱 그렇다. 너무 앞서 가다 보면 많은 암초에 부딪혀 생각보다 많은 자본과 노력을 소모해야 할지도 모른다. 만반의 준비를 했다고 생각해도 예기

치 못한 암초에 부딪힐 위험은 곳곳에 있다. 그래서 앞서 나가고 있다 해도 뒤를 돌아보면서 신중하게 달려야 하며 무리한 질주는 삼가야 한다.

반대로 상대방이 너무 앞서 가 도저히 따라잡을 수 없다면 시작하지 않는 것이 좋다. 너무 앞서 간 사람을 따라잡기 위해서는 곱절의 노력을 쏟아야 한다. 설사 큰 노력을 쏟아붓는다 해도 어깨를 나란히 하기가 쉽지 않다. 자칫 무리하여 자신이 먼저 쓰러지게 된다. 그러므로 앞서 간 사람을 따라잡을 수 있다는 확신이 서지 않는다면 무리한 질주를 하지 않는 것이 좋다. 기득권을 빼앗기란 결코 쉽지 않다. 그러므로 새로운 영역에 도전하는 것이 인생을 효율적으로 운영하는 비결이라 할 수 있다.

그리고 항상 심사숙고하여 미심쩍은 일에 함부로 뛰어들지 말아야 한다. 심사숙고하지 않고 즉흥적으로 일을 시작하면 실수가 많아 큰 낭패를 본다. 그러므로 어떤 일이든 충분히 생각한 뒤에 시작해야 한다.

또한 어떤 일을 시작하려고 할 때 의혹이 생기면 중단하는 것이 현명하다. 확신이 있어도 성공한다는 보장이 없을 뿐만 아니라 틀림없을 것이라는 예측이 빗나가 끔찍한 결과를 맞이하는 것이 세상살이다. 이런 현실적 상황에서 의심마저 든다면 그 일은 당연히 성공하기 어렵다. 그러므로 의혹이 생기면 그 일을 중단하고 새로운 길을 모색해야 한다.

어떤 일을 시작하려고 할 때
의혹이 생기면
중단하는 것이 현명하다.
확신이 있어도
성공한다는 보장이 없을 뿐만 아니라
틀림없을 것이라는 예측이 빗나가
끔찍한 결과를 맞이하는 것이 세상살이다.

게다가 주변에서 반대한다면 반드시 뒤돌아볼 필요가 있다. 물론 다수 의견이 옳은 것은 아니지만, 자신을 알고 있는 사람 대다수가 반대하고 나서면 귀를 기울일 필요가 있다. 추진하던 일을 중단하고 다시 한 번 심사숙고해야 한다.

자신은 확신에 차 있을지 모르지만, 그것은 어디까지나 주관적인 판단일 수 있다. 다른 사람 모두가 의심하고 있다는 사실은 미심쩍은 점이 있다는 것이다. 그렇다면 아무리 불굴의 투지를 가지고 있다고 해도 성공하기가 쉽지 않다. 그 일에는 아무도 도움을 주려고 나서지 않을 뿐만 아니라 길을 가로막는 장애물도 매우 많을 것이기 때문이다. 그러므로 지인들 모두가 의혹의 눈길을 보내는 일은 신중에 신중을 더해야 한다.

사람을 쓸 때도 마찬가지다. 의심스러운 사람은 기용하지 않는 것이 좋다. 사람을 기용하는 문제는 매우 중요하다. 사람을 잘 쓰느냐 못 쓰느냐에 따라 일의 성패가 갈리기 때문이다. 유방은 자기보다 뛰어난 장량과 소하 그리고 한신을 거느릴 수 있었기 때문에 성공할 수 있었지만, 그의 경쟁자였던 항우는 범증 한 사람도 제대로 거느리지 못해 망하고 말았다.

기용하고자 하는 사람이 미덥지 못하다면 기용하지 않는 것이 당연하다. 자칫 잘못하면 그 한 사람으로 인해 조직의 톱니바퀴가 망가져서 일 전체를 그르칠 수 있다. 그렇지만 한 번 기용한 사람에게는 믿음을 주어야 한다. 그래야 기용된 사람은 전력을 다해 일에 매진할 수 있다. 만일 기용해 놓고도 의심한다면, 하나밖에 없던 책사 범증마저 의심하여 떠나가게 한 어리석은 항우처럼 소중한 인재를 놓쳐 일을 성사하기 어렵게 된다. 한비자는 "군주의 잘못은 신하를 기용해 놓고도 다른 신하에게 그 신하를 감시하게 하는 데 있다"라고 하였다.

05
긴장을 늦추지 마라

편안할 때 위기에 대비해야 한다.
나라가 평화로울 때도 난리가 일어날 때를 대비해야
진정한 평화를 누릴 수 있다.
일시적인 현상에 동요하지 말고,
변화하는 사태의 본질을 꿰뚫어 본 다음에 행동해야 한다.
－《역경易經》

한가할 때 대비하는 습관을 들여야 한다. 일할 때 어떤 생각지도 않은 일이 일어날지 예측하기 어렵다. 당장 무슨 일이 일어날지 알 수 없고 전혀 예상하지 않은 일이 일어나는 경우도 흔하다. 그래서 아무리 완벽하게 준비했다 하더라도 변수는 생기기 마련이고, 변수 때문에 결국 시간에 쫓기게 된다. 그러므로 한가하고 시간이 있을 때 시간을 헛되이 보내지 말고 미래를 대비하거나 일을 처리하는 습관을 가져야 한다. 한가할 때 긴박함을 대비해야 안전한 삶을 보장받을 수 있다.

또한 한때 성공했다고 해서 긴장감을 늦춰서는 안 된다. 세상사는 얻기는 어렵지만 잃기는 쉽다. 누구나 성공의 고지에 오르면 긴장을 풀고 편안함과 안락함에 빠져든다. 하지만 편할 때가 바로 위태로운 때라는 사실을 잊어서는 안 된다.

탁월한 능력을 발휘하여 얻은 명성조차 긴장감을 늦추는 순간 무너질 수 있다. 맥아더는 전쟁이 '무방비의 풍요'에서 생긴다는 것을 강조했다. 사람들은 배가 부르면 헝그리 정신을 내던져 버리고는 긴장을 풀고 안락을 탐한다. 얻는 것보다 지키는 것이 더 어려운 이유가 바로 여기에 있다. 그래서 성공했다고 해서 긴장을 풀어서는 안 된다.

처음의 성공은 확실한 기회를 얻기 위한 발판이지 확실한 성공이라 단언할 수 없다. 성공을 확실히 다지기 위해서는 그것을 기회로 삼고 더욱 긴장하여 일에 전념해야 한다. 그래야 진정 성공할수 있으며 큰 명성을 얻을 수 있다. 성공했다고 해서 긴장의 고삐를 늦추는 것은 다 잡은 고기를 놓치는 것과 다를 바 없다. 모든 것이 잘 돌아가도 때로는 배수진을 치고 스스로 최악의 시나리오를 써 보고 방심하지 않도록 힘써야 한다. 천하를 제패한 칭기즈 칸이 화려한 궁전을 짓지 않고 부하들과 함께 움막 생활을 한 것도 안락함에 빠져들지 않기 위해서였다.

그리고 촌각을 다투는 일이라도 서두르지 말아야 한다. 서두른

일차적 성공은
확실한 기회를 얻기 위한 발판이지
확실한 성공이라 단언할 수 없다.
성공을 확실히 다지기 위해서는
그것을 기회로 삼고 더욱 긴장하여
일에 전념해야 한다.

다고 되는 일은 없다. 오히려 분주할 때일수록 여유를 지녀야 한다. 갑자기 일이 터졌다고 서두르면 실패를 자초할 수 있다. 일에는 반드시 순서가 있는 법이다. 갑자기 촌각을 다투는 일이 벌어졌다고 해도 당황하지 말고 순서에 따라 진행하고 여유 있게 대처해야 한다.

이는 우물쭈물 망설이는 것과는 다르다. 여유를 가지고 일을 하는 것은 덤벙대거나 꾸물거리는 것과는 다르다. 여유를 가지고 일하는 것은 한가한 것 같으면서도 분주히 움직이며, 느긋한 것 같으면서도 사력을 다하는 것이다. 큰일이 터졌을 때 당황하지 않고 여유를 가지면 성공할 확률이 높지만, 덤벙대거나 당황하면 실패를 맛보게 된다.

난관에 빠졌다 하더라도 여유를 가져야 한다. 누구나 어려움에 봉착하면 어떻게 할지 몰라 당황한다. 곤경에 빠지면 그 상황을 빨리 벗어나려고 불법적인 일을 하거나 범죄를 저지르는 사람들이 있다. 이렇게 되면 악순환의 고리로 말려들게 된다. 홍자성은 "일은 급히 한다고 해서 명백하게 되는 것이 아니라, 너그럽게 늦추면 저절로 밝혀지니, 조급하게 서둘러 남을 화나게 하지 말라"고 당부하였다.

또한 가난하다고 조급하게 생각하지 말아야 한다. 가난해도 마음의 여유를 가짐으로써 정신적인 풍요로움을 누릴 수 있다. 그러면 상황이 힘들어도 마음이 편안해져 난관을 이겨내고 더 나은 미

래를 만들어 갈 수 있다. 전혀 예측할 수 없는 불행이 덮쳐도 당황
하지 않고 헤쳐 나가면 결국에는 불행의 터널을 빠져 나갈 수 있다.

부지런함을 이기는 무기는 없다

나태함은 모든 일을 어렵게 만들지만, 부지런함은 모든 일을 쉽게 만든다.
늦게 일어나는 사람은 하루 종일 바쁘고, 밤에도 일해야 한다.
게으름은 천천히 퍼지지만, 가난은 빠르게 찾아온다.

― 벤저민 프랭클린Benjamin Franklin

매사에 부지런해야 한다. 부지런함은 사람을 최고로 만드는 가장 훌륭한 장점이다. 아무리 재능이 있어도 부지런하지 않은 사람은 최고가 될 수 없지만, 재능이 뛰어나지 않아도 부지런하면 뛰어난 재능의 소유자를 충분히 앞지를 수 있다. 그 무엇도 부지런함을 당해 낼 수 없다는 말이다.

근면하지 않으면 재능도 녹스는 법이다. 최고의 위치에 있을 때 쫓겨나게 되는 것도 대개 부지런하지 않기 때문이다. 따라서 최고의 경지에 도달하기 위해서는 재능뿐만 아니라 부지런함도 갖추어야 한다.

하지만 돈을 버는 데에만 부지런해서는 안 된다. 이는 자신의 사리사욕만 채우는 이기심에 불과해 사람을 얻을 수 없다. 그래서 덕과 의리를 실천하는 데 있어서도 부지런해야 한다. 그래야 사람들의 마음을 얻고 존경받을 수 있다.

또한 오늘 할 수 있는 일을 결코 내일로 미루지 말아야 한다. 내일로 일을 미루는 것은 의지가 박약하거나 게으르거나 우유부단한 자들의 특징으로 일종의 현실도피다. 결국 이들은 나태함으로 인해 손해를 보게 된다.

경쟁이 심한 사회에서 일을 신속하게 처리하는 것은 성공의 관건이다. 촌각을 다투는 일도 많다. 그래서 백 마디 말보다는 단 한 번의 행동이 더 중요하다. 생각은 행동을 통해 비로소 열매를 맺을 수 있다.

그런데 사람들은 이것저것 계획을 세우기에만 급급하고 항상 '바쁘다'는 핑계로 행동하지 않는다. 머릿속만 바쁘고 말만 앞섰지 어느 것 하나 행동으로 옮기지 않는다. 그리고 대개 시작할 때는 잘하려는 마음에서 모든 힘을 쏟아붓지만, 어느 정도 일이 진행되면 긴장을 늦춘다. 긴장을 늦추는 순간 마음은 풀어져 점점 일에서 멀어지고, 봐도 제대로 보지 못하고 들어도 제대로 듣지 못하게 된다. 이런 시간이 길어져 일을 방치하게 되면 결국 실패의 쓴맛을 매사에 부지런해야 한다.
부지런함은
사람을 최고로 만드는 가장 훌륭한 장점이다.
그 무엇도
부지런함을 당해 낼 수 없다.

보게 된다.

일을 자꾸 뒤로 미루는 것은 생각을 무력하게 해 행동의 열매를 맺지 못하게 한다. 성공한 사람은 예외 없이 단 하루도 게으르지 않다. 또한 긴장감을 늦추지 않고 더 큰 성공을 향해 최선을 다한다. 그래서 여유를 가지되 긴장감을 놓지 않는 자세는 성공을 위한 불변의 법칙이다.

세상에는 우연이란 없다. 부지런히 노력하고 최선을 다하는 자세만이 성공과 행복을 약속한다. 그러므로 우리는 한가하게 성공의 문이 열리기만 기다려서는 안 되고 늘 열심히 노력해야 한다. 그라시안은 "단 하루도 게으르지 마라. 운명은 우리에게 장난을 친다"라고 강조했다.

07
다수의 신뢰를 얻어라

무엇이든 자기가 모든 것을 해야 한다고 생각하지 마라.
나 아니면 할 사람이 없다고 밀어붙이면 독단에 빠지기 쉽다.

－《십팔사략十八史略》

혼자서 모든 일을 하려고 해서는 안 된다. 백지장도 맞들면 낫듯이 일을 혼자서 하는 것보다 함께 힘을 합쳐 하는 편이 훨씬 쉽다. 그런데 어떤 사람은 모든 일을 혼자서만 하려고 한다. 자신 이외에 다른 사람을 믿지 못하기 때문이다. 이런 불신은 완벽주의에서 비롯된 것이다.

그러나 문제는 누구도 완벽할 수 없다는 점이다. 그래서 자신의 부족함을 다른 사람의 손을 빌려 해결하는 것이 훨씬 현명하다. 오나라를 반석 위에 올려놓은 손권은 "여러 사람이 손을 쓸 수 있으면 천하에 대적할 자가 없고 여러 사람의 지혜를 쓸 수 있다면 성인의 지혜도 두렵지 않다"라고 하였다. '한 사람의 지혜와 힘'보다는 '여러 사람의 지혜와 힘'이 중요하다는 것을 일찍이 깨달은 것이다. 그래서 그는 부하들의 단점은 보지 않고 장점을 귀하게 여겨 장점에 따라 인재를 기용하여 성공한 군주가 되었다.

이처럼 진정 그릇이 큰 사람은 자신이 일을 직접 하기보다는 자신보다 나은 사람을 발굴하여 그 사람들이 적재적소에서 능력을 발휘하게 하여 계획을 실행한다. 손권이 유비나 조조와는 달리 큰 힘을 들이지 않고 자신의 왕국을 건설할 수 있었던 이유는 인재를 적재적소에 기용했기 때문이다. 그러므로 모든 일을 혼자서 하려고 해서는 안 된다.

그렇다고 동업을 하라는 것은 아니다. 동업은 동고동락을 같이 하자는 데서 출발한다. 그러나 고통은 같이 나눌 수 있을지 몰라도 앞서 말했듯이 은공을 같이 나누기는 어렵다. 동업을 하면 서로 더 많은 이익을 차지하려고 반목하게 되고, 결국에는 사이가 멀어져 갈라서는 경우가 많다. 그래서 아무리 힘들고 어려워도 좀 더 때를 기다려 혼자서 일을 시작하는 편이 낫다. 힘들다 해도 자신이 쌓은 공을 혼자서 온전히 누릴 수 있고, 일에 매진하여 그 과실을 누릴 수 있다.

일을 쉽게 성취하기 위해서는 다수의 신뢰를 얻는 것이 무엇보

그릇이 큰 사람은
자신이 일을 직접 하기보다는
자신보다 나은 사람을 발굴하여
그 사람들에게 적재적소에서
능력을 발휘하게 하여 계획을 실행한다.
모든 일을 혼자서 하려고 해서는 안 된다.

다 중요하다. 자신의 욕심이 앞서면 일을 성취하기가 어려워진다. 욕심이 앞서다 보면 다른 사람의 반감을 사 좋은 결과를 얻기 어렵다. 김옥균을 필두로 하는 개화파가 실패한 원인도 개화파들이 혈기만 앞섰지 대중의 지지를 확보하지 못했기 때문이다. 그러므로 일에서 좋은 결과를 얻기 위해서는 다수의 정서에 반하기보다는 다수의 정서에 따라 행동하고 사리에 맞게 처신해야 한다. 모든 사람의 신뢰를 얻을 때라야 일을 성취하기가 쉬워진다. 일을 할 때 자신의 노력도 중요하지만 주변 사람의 마음을 얻어 일의 효율성을 높이는 것도 그만큼 중요하다는 점을 명심해야 한다.

제7부

세상을 지혜롭게
살아가는 길

OI

인생의 사명은 기쁨이다

성공이란 자주 웃는 것이다.
지성인으로부터 존경을 받고, 아이들로부터 인정을 받고,
정직한 비평에 감사할 줄 알고, 나쁜 친구의 배반도 참아 낼 줄 아는 것이다.
아름다운 것이 무엇인지 아는 것은
다른 사람의 좋은 점을 찾아낼 줄 아는 것이다.
내가 살아 있기에 단 하나의 생명이라도 편안하게 숨 쉬고 있다는 것을 깨닫는 것이다.
바로 이런 것이 성공이다.

-에머슨Emerson

건강은 행복의 첫째 조건이므로 항상 몸을 보전하는 데 힘쓰
도록 해야 한다. 건강은 행복하고 보람 있는 삶을 살기 위해서는
없어서는 안 될 가장 소중한 재산이다. 건강이 무너지면 자신이 하
고자 하는 일을 할 수 없을 뿐만 아니라 설령 한다고 하더라도 많
은 제약이 따르게 된다. 그러므로 건강을 유지하는 것은 가장 중요
하다. 건강은 삶의 활력소이기 때문이다.

그렇지만 많은 사람이 돈 버는 데 급급한 나머지 자신도 모르게

몸을 혹사한다. 휴식도 없고 운동으로 몸을 단련하지 않아 육체가 병들어 간다. 이런 상태로 장시간 자신의 몸을 방치하면 수명을 단축하게 될 뿐이다. 인간의 생명은 운동으로 토대가 완성된다. 그러므로 천수를 누리며 활력 있는 인생을 살기 위해서는 늘 휴식을 취하며 운동을 게을리하지 말아야 한다.

현대인들은 경쟁에서 밀려나지 않기 위해 일에 전부를 바친다. 미래에 대한 불안이 일에 미치도록 하는 것이다. 물론 일을 부지런히 하는 것은 미덕이지만 지나치게 일에 몰입하는 것은 자신의 몸을 갉아먹는 주범일 뿐만 아니라 불행의 화근이 된다. 일중독은 몸에 휴식을 주지 않아 건강을 해치며, 정신을 매우 피로하게 함으로써 사람을 신경질적으로 변하게 한다. 시간이 흐름에 따라 결국 일의 생산성도 떨어진다. 그러므로 무리하지 말고 피로를 느끼기 전에 휴식을 취해 생산성을 높여야 한다. 또 한편으로는 원만한 인간관계를 유지하는 데도 신경을 써야 한다. 에디슨이 하루도 쉬지 않고 나이 여든까지 계속 발명할 수 있었던 것도 앉을 수 있는 곳이 있으면 앉고, 누울 수 있는 곳에는 누워서 항상 몸을 돌봤기 때문이다. 이처럼 자신의 몸을 쉬게 해야 자신과 자신을 믿고 있는 사람들이 건강하고 행복하게 살 수 있다.

우리는 일을 하기 위해 사는 것이 아니다. 행복하게 살기 위해 일을 한다는 점을 잊지 말아야 한다. 노자는 "명예와 생명 중 어느 것이 천하며, 목숨과 재물 중 어느 것이 소중한가?"라고 물은 다음

"족함을 알면 욕을 당하지 않고, 그칠 줄 알면 생명이 위태롭지 않다"라고 우리를 일깨웠다.

　육체 건강도 중요하지만 정신 건강에도 힘써야 한다. 육체만 건강하다고 건강한 것이 아니다. 정신이 건강하지 못하면 세상 풍파를 견뎌 낼 수 없다. 가난한 사람은 결핍으로 고통을 받고, 부자들은 풍족함으로 인한 권태감에 시달린다. 또한 세상 풍파를 견뎌 내기 위해서는 세상의 어려움에 단련되지 않으면 안 된다. 육체를 단련하기 위해서 고되고 힘든 운동을 하는 것처럼, 정신도 고통과 고뇌로 단련하여 연마해야 한다.

　편안하고 안락한 생활은 정신 건강에 해가 된다. 안락한 생활은 정신을 강건하게 하는 고통을 회피하게 하고 편안함만을 추구하게 해 정신을 나약하게 만들 뿐이다. 부자가 삼대를 가기 어려운 것도 세대를 거듭할수록 풍요 속의 안락함에 빠져 정신이 나약해지기 때문이다. 그러므로 때로는 고난이나 역경을 통해 정신을 강건하게 할 필요가 있다.

　정신을 건강하게 유지하기 위해서는 쇼펜하우어가 "잘 웃는 자는 행복하고, 잘 우는 자는 불행하다"라고 한 것처럼, 많이 웃으려고 노력해야 한다. 웃음은 모든 사람을 편안하게 하지만, 울음은 모든 사람을 불편하게 한다. 또한 잘 웃는 사람은 행복해 보이지만, 잘 우는 자는 불행해 보인다. 그래서 자신뿐만 아니라 다른 사람을 위해서도 많이 웃으려고 노력해야 한다. 웃음은 삶에 활력을

우리는
일을 하기 위해 사는 것이 아니다.
행복하게 살기 위해
일을 한다는 것을
잊지 말아야 한다.

제공하는 활력소이다. 어느 정도 절제하기만 하면 훌륭한 재능이라 할 수 있다.

톨스토이는 "기뻐하라! 기뻐하라! 인생의 사업, 인생의 사명은 기쁨이다"라고 우리에게 기쁘게 사는 삶을 당부했다.

02

진정한 친구는 인생의 든든한 의지처다

친구를 사귐에는 모름지기 서푼의 의협심이라도 있어야 하고,
사람이 되려면 한 점의 본심이라도 있어야 한다.
－홍자성洪自誠

인생에서 우정 어린 친구가 있어야 한다. 친구가 없는 세상은
너무나 외롭고 쓸쓸해 우울증에 빠지기 쉽다. 친구가 있으면 즐거
움은 배가되고 고통은 반으로 줄어든다. 사람들의 인정은 홍자성
의 말처럼 "굶주리면 달라붙지만 배부르면 떠나가며, 따뜻하면 몰
려들지만 추우면 떠나 버린다." 이런 삭막한 세상에서 친구들의 호
의는 삶을 살아가는 데 든든한 지원군 역할을 하기 때문에 친구가
많으면 많을수록 만사가 잘 풀리게 된다. 또한 나이를 먹어서는 외

로움을 달랠 수 있는 존재가 바로 친구이므로 매일 친구를 만들려고 노력해야 한다. 친구를 만들기 위해서는 그 사람에게 먼저 호의를 보이고 친구가 되어 주어야 한다.

모름지기 친구라면 기쁨과 슬픔을 함께할 수 있어야 한다. 평상시 수다를 떨어 스트레스를 풀 수 있어야 하고, 자신이 심각한 고민에 빠져 있을 때 속마음을 털어놓을 수 있어야 한다. 대화할 수 있는 상대가 있어야 우울증을 막을 수 있고 정신적으로 건강하게 살 수 있다. 이처럼 우정은 기쁨을 배가 되게 하고, 나쁜 것은 함께 나누어 반으로 줄어들게 한다.

친구는 많을수록 좋지만 모든 친구와의 우정이 진실하다고 말할 수는 없다. 성격이 좋고, 가치관과 뚜렷한 신념이 있으며, 겸손하면서도 유머가 있고, 용기를 갖고 모험을 하는 사람이 그리 많지 않기 때문이다. 불행할 때 고통을 같이할 친구 또한 많지 않다. 대부분 무료한 시간을 달래기 위해 친구를 만나는데 이런 관계를 진실한 친구라고 말하기는 어렵다. 생사고락을 떠나 그저 잠시 즐거움을 나누기 위해 맺는 우정은 진실하지 못하며 오래가지 않는다.

친구라면 무릇 믿음뿐만 아니라 최소한의 의리가 있어야 한다. 친구가 곤경에 빠졌을 때 도움의 손길을 내밀어야 진정한 친구이지 모르는 사람처럼 본체만체한다면 진정한 친구가 아니다. 그래서 공자는 "유익한 벗이 셋 있고, 해로운 벗이 셋 있으니, 정직한 자와 성실한 자와 박학다식한 자를 벗하면 유익하고, 아첨하는 자와 성실하지 못한 자와 말 둘러대기를 잘하는 자를 벗하면 해롭다"
라고 하였다.

처음부터 친구를 사귈 때는 오래갈 수 있는 친구를 사귀어야 한
다. 그러기 위해서는 좋은 사람을 골라서 사귀어야 한다. 친구 중
에도 우정이란 탈을 쓰고 불행을 몰고 오는 사람도 있다. 무례하고
악의로 얼룩져 있는 교제는 상처받기 쉽다. 한비자는 함께 공부했
던 이사의 모함으로 죽었고, 손자 역시 같이 공부한 방연에 의해
다리가 절단돼 불구의 몸이 되었다. 그래서 상처받기 쉬우면서 깨
지기 쉬운 관계는 처음부터 맺지 않는 것이 바람직하다.

될 수 있으면 새로운 친구를 사귀려고 노력하기보다는 관중과
포숙처럼 오랜 친구들과 관계를 잘 지속해야 한다. 오래 사귄 친구
는 마음의 문을 열 수 있으며, 때로는 친구를 자신보다 위하고, 즐
거움을 함께 나누면서도 쓰디쓴 충고를 마다하지 않으며, 어려움
에 부닥쳤을 때 의지할 수 있는 든든한 의지처다.

친구를 얻고 싶으면 자기 자랑을 늘어놓기보다 상대방에게 관심
을 보여야 한다. 상대방의 일에 관심을 보이지도 않으면서 자신의
이야기만 하면 상대를 내 사람으로 만들 수 없다. 사람들은 자신에
게 관심을 가져 주는 사람을 좋아한다. 그러므로 진정한 친구를 얻
고 싶다면 나 자신이 원하는 것보다는 상대방을 존중하여 상대방
이 원하는 것을 듣고 상대방을 이해하려고 노력해야 한다.

친구와 함부로 의절해서도 안 된다. 특히 오랜 교분이 있는 친구

유익한 벗이 셋 있고,
해로운 벗이 셋 있으니,
정직한 자와 성실한 자와
박학다식한 자를 벗하면 유익하고,
아첨하는 자와 성실하지 못한 자와
말 둘러대기를 잘하는 자를 벗하면 해롭다.

와는 더욱 그렇다. 의절한 친구는 가장 악랄한 적이 될 수도 있다. 그러므로 서로 상처를 입지 않기 위해서는 함부로 우정을 끊으려 해서는 안 된다. 어쩔 수 없이 헤어져야 할 때 친구의 잘못을 탓하기보다는 자신의 잘못을 인정하고 사죄하며 헤어져야 한다. 그러면 우정은 깨져도 서로 적이 되지는 않을 것이다.

03
지금 현재를 살고 있는가?

오지 않는 미래를 동경하여 부질없이 애쓰거나,
지난날의 그림자를 좇아 후회만 하고 있다면
베어 놓은 갈대처럼 시들어 버린다.

−《불경 佛經》

우리는 현실에 충실해야 한다. 과거는 이미 지나간 시간이
며, 미래는 다가올 시간이지만, 우리가 살고 있는 시간은 바로 현
재다. 그래서 현재에 순응하고 그 흐름을 따라가야 한다. 시대의
흐름을 무시하고 역행하는 것은 어리석은 행동이다. 이로 인해 고
립되고 철저히 혼자가 될 수 있기 때문이다.

능력이 뛰어난 사람도 하루아침에 시대의 흐름을 바꿀 수는 없
다. 공자를 추종한 많은 사람이 세상을 요순시대로 되돌려 놓으려

고 했지만 부질없는 일이었다. 설령 과거의 것이 더 좋게 보일지라도 많은 사람의 동조와 관심을 받지 못하면 복구되기 어렵다.

시대가 흐르면 새로운 것을 요구하기 마련이다. 그러므로 지금까지 가 보지 못한 신세계를 가기 위해서는 과거에 갇혀 있는 생각은 과감히 깨트려야 한다. 과거는 보다 나은 현재를 위해 존재하는 것으로 생각해야 한다.

미래라는 것도 이상을 심어 주어 현재를 살찌우기 위해 존재하는 것일 뿐이다. 그런데 미래만 바라보고 현실을 등한시하고 미래에 집착하면 오히려 불안만 증폭시킨다. 미래에 닥칠 재난이 확실한 것이라면 시간을 두고 대책을 강구해야 하겠지만, 그렇지 않으면 미래에 대한 걱정은 그야말로 기우에 지나지 않는다. 오늘 배가 고프면 오늘 허기를 채우는 것이 우선이지 내일을 걱정하는 것은 전혀 도움이 되지 않는다. 다가올 미래에 집착하는 것은 몸과 마음만 괴롭게 하고 시간만 허비하므로 미래에 너무 집착하지 않는 것이 잘 사는 방법 중의 하나다.

현재에는 관심이 없고 과거에 집착하는 것은 이미 떠나 버린 것에 집착하는 어리석음의 산물이며, 현실을 무시하고 멋진 미래만을 꿈꾸는 것 역시 망상의 소치일 뿐이다. 먼저 지금 이 순간에 충실해야 한다. 현재만이 살아 있는 현실이다. 이 순간을 위해 과거를 반성하고 미래를 꿈꾸는 것은 좋지만 현재를 방해하는 과거나 미래는 머릿속에서 지워야 한다.

지금 이 순간에 충실할 때 지나간 세월이 아름답고 다가올 미래가 희망차다. 인생은 현재의 연속이다. 그래서 우리는 하루하루에 충실하면서 큰즐거움은 없어도 아무 탈 없이 하루가 지나가는 것에 감사해야 한다. 과거에 대한 회한과 미래에 대한 걱정으로 소중한 하루를 망치지 말아야 한다.

　　더 나아가 현실에 충실하면서도 먼 앞날을 내다보아야 한다. 지금 당장 눈앞의 일만 생각하고 먼 앞날에 대한 생각을 등한시하다 보면 가까운 장래에 근심거리가 생기게 된다. 세상은 예측하기 어렵다. 언제 일자리를 잃거나 불이익을 당할지 알 수 없다. 그래서 보험을 들어 불안한 미래를 대비해야 하고, 잘나갈 때 재산을 비축하여 노후를 준비해야 한다. 공자는 "사람이 먼 앞날을 생각하지 아니하면, 반드시 가까운 날에 근심이 생긴다"라고 하였다.

　　현재에 충실하기 위해서는 자만하고 오만한 마음을 버려야 한다. 자만해지거나 오만해지면 자기 확신에 빠져 현실을 쉽게 보고 앞날을 안일하게 대처하는 우를 범하게 된다. 자신을 존중하는 것은 살아가는 데 있어 매우 중요한 원칙이지만, 자아도취에 빠져 현실을 제대로 파악하지 못하면 큰 불행을 자초한다는 사실 또한 명백한 진리다.

　　또한 자만심이 지나쳐 오만해지면 사람들의 반감을 사게 된다. 오만하면 자신만 생각하고 안하무인으로 행동하기 마련이다. 다른 사람은 안중에도 없고, 오로지 자신의 생각만이 옳다고 주장하며 독재자의 본성을 드러낸다. 그래서 오만한 사람은 모든 사람의 미움을 받게 되고 결국 파멸의 길로 들어서게 된다. 이런 파멸을 맞지 않기 위해서는 절대 오만하게 행동하지 말고 늘 자신을 반성해야 한다. 증자는 오만해지지 않으려고 "남을 위해 최선을 다하려고 했는가? 친구에게 믿음을 주었는가? 새로운 배움을 완전히 습득했는가?"라는 물음을 통해 매일 자신을 반성하였다.

스스로 반성하는 사람은 겸허하고 인간관계에서 원만함을 유지한다. 자신이 알고 있는 것도 다시 남들에게 자문해 보기 때문에 일할 때 실패할 확률이 낮다.

인기 있을 때 조심하는 것도 자신을 보전하기 위해서다. 사람들은 누구나 인정받고 싶기에 자신이 인기가 있기를 바란다. 다른 사람이 자신을 좋아하는 것만큼 유쾌한 일은 없다. 그래서 인기를 얻으면 우쭐해져 오만함이 고개를 든다.

그러나 우리 자신이 영원할 수 없는 것처럼 인기 또한 영원할 수 없다. 인기를 끊임없이 누리려는 것은 참으로 어리석은 욕심이다. 대중들의 찬사는 지극히 찰나적이며 일시적이다. 사람들은 언제나 신선한 것을 좋아하기 때문에 금세 다른 새로운 사람을 인정하고 좋아하게 된다.

이런 사실을 망각하고 인기를 믿고 기고만장해지면 그 즉시 추락하게 된다. 많은 인기 있는 연예인이 인기가 절정일 때 나락으로 떨어지는 것을 쉽게 볼 수 있다. 많은 사람이 좋아하고 추종할수록 그만큼 시기와 질투를 받게 되기 때문이다. 작은 실수나 실언이 지금까지 쌓은 명성과 명예를 일순간에 무너뜨릴 수 있다. "없는 호랑이도 세 사람만 우기면 있게 된다"는 말처럼, 좋은 소문보다는 나쁜 추문은 그럴듯해 보여 사람들이 쉽게 믿는다.

그래서 현명한 사람은 인기가 치솟을 때 자신을 더욱 낮춰 시기와 질투심을 누그러뜨려 몸조심하지만, 어리석은 사람은 인기가 있을 때 기고만장하여 시기와 질투심을 강하게 유발하여 자멸의 길을 걷게 된다. 인기 있을 때 함부로 드러내지 않고 자신을 낮추는 것이야말로 인기를 유지하고 자멸에서 벗어나는 현명한 방법이다.

한창 존경받을 때 떠나야 하는 이유가 바로 여기에 있다. 아쉬움이 남으면 사람들은 좋은 면을 기억하며 더욱 존경하기 때문이다. 반면, 존경받는다고 하여 끝까지 집착하면 불명예를 얻게 된다. 일이 때가 있듯이 사람 역시 때가 있는 법이다. 태양이 떠올라서 환한 것도 한때이며, 태양이 져서 어두워지는 것도 한때다. 사람들에게 좋은 기억만을 남기고 오래도록 존경받고 싶다면 명예롭게 떠나야 한다. 그렇지 않으면 결국 버림을 받고 치욕을 당하는 수모를 겪을 수도 있다.

월나라 왕 구천을 도와 오나라를 멸망시킨 범여는 대장군이라는 최고의 자리에 있을 때 떠나서 노후를 편안하게 보낼 수 있었지만, 구천을 떠나라는 범여의 충고를 무시하고 구천 곁에 남아 있던 공신 문종은 범여의 충고를 무시한 것을 통탄하면서 "공로가 크면 보

우리는 지금 이 순간에 충실해야 한다.
현재만이 살아 있는 현실이다.
이 순간을 위해
과거를 반성하고 미래를 꿈꾸는 것은 좋지만
현재를 방해하는 과거나 미래는
머릿속에서 지워야 한다.

상은커녕 군주가 부담스러워한다"라는 말을 남기고 구천이 내린 '촉루검'으로 자결해야 했다. 이러한 역사를 통해 남이 자신을 버리기 전에 분수와 때를 알고 자신이 먼저 떠나는 것이 얼마나 소중한 삶의 지혜인지를 알 수 있다.

04
불리할 때는 물러날 줄 알아야 한다

지위는 너무 올라가지 않는 것이 좋다.
끝까지 올라가면 그곳에는 함정이 기다리고 있다.
재능은 너무 많이 발휘하지 않는 것이 좋다.
너무 많이 내보이면 오래가지 못한다.
훌륭한 행동도 적당히 하는 것이 좋다.
너무 지나치면 오히려 비난을 받게 된다.

－홍자성洪自誠

불리한 상황에서는 먼저 한발 물러서야 한다. 행운의 여신은
누구에게도 쉽게 찾아오지 않는다. 특히 큰일을 도모할 때는 한발
물러나서 인내하며 기회가 올 때까지 기다릴 줄 알아야 한다.

그런데 문제는 행운의 여신이 언제 와서 어디로 갈지 아무도 예
측할 수 없다는 것이다. 그래서 기회가 오면 과감히 돌진해야 하지
만, 기회라는 것은 아무리 잡으려 해도 무지개처럼 멀리 달아나는
속성이 있어 노력해도 쉽게 잡히지가 않는다. 그렇다 하더라도 초

조한 마음으로 다가가기보다는 뒤로 한발 물러나 기다려야 한다. 그렇지 않고 계속해서 행운을 잡으려 들면 계속해서 불운만 따를 수 있다. 이럴 때는 한발 물러나 기회를 관망하며 힘을 비축하는 것이 좋다.

특히 분열과 혼란의 소용돌이가 휘몰아칠 때 거기에 자신의 몸을 맡기면 자칫 목숨을 잃을 수 있다. 그래서 손자는 "때로는 도망가는 것이 상책이다"라고 하였다. 장자가 높은 관직을 마다하고 더러운 도랑에서 유유자적하며 살았던 것도 위험천만한 세상의 소용돌이에서 자신을 보전하기 위해서였다. 장자는 일시적 명예를 위해 관직에 오르면 전쟁에 동참한 것처럼 언제 목숨을 잃을지 모를 상황에 있었기 때문이다. 그런 위험한 상황에 함부로 뛰어드는 것은 용기가 아니라 무모함에 가깝다. 그래서 장자는 위험한 세상에서 한발 물러나 관조하는 즐거움을 택한 것이다.

한발 물러나 세상을 관망하는 것은 현실 도피라기보다 현실을 관망하면서 힘을 비축해 일보 전진하기 위한 하나의 계책이다. 여기에는 모두가 혼란의 소용돌이에 휩싸여 기력이 쇠할 때를 기다리는 전략도 숨어 있다. 공자는 "거백옥은 군자로다! 나라에 도가 있으면 벼슬을 했지만, 나라가 혼란할 때는 자기 재능을 거두어 숨겼다"라고 처세의 방법을 알려주었다.

국가 간에도 마찬가지다. 미국이 제2차 세계대전에서 승리할 수 있었던 이유는 무엇인가? 당시 강대국인 영국과 프랑스, 독일 등이 전쟁에 휘말려 모든 힘을 소진하고 있을 때 미국은 싸움을 관망하면서 무기를 팔며 힘을 비축해 두었기 때문이다. 이처럼 세상이 혼란으로 소용돌이칠 때 물러서 있는 것은 훗날의 승리를 위한 것임을 명심해야 한다.

또한 상황이 여의치 않을 때는 현명함을 드러내지 않고 어리석은 체하며 기회를 엿보아야 한다. 이는 상대를 방심하게 하여 기회를 낚아채기 위해서다. 사람들은 현명한 사람을 경계하지만, 바보 같은 사람은 자신들 마음대로 할 수 있다고 생각하여 경계하지 않는다. 그래서 바보스러운 행동을 할수록 좋은 기회를 얻을 수도 있다. 이하응은 어리석은 행동을 하고 미친척 가장하여 세도가들의 눈에 들어 하루아침에 대원군이 되었다. 그래서 장자는 "곧은 나무는 먼저 잘리고 달콤한 샘물은 먼저 말라 버리는 법이니, 선생께서도 자신의 지식과 지혜를 감추고 어리석은 척하며 깨끗한 몸가짐으로 밝게 행동하여 떳떳하면 아무런 해도 입지 않을 것이오"라고 말하였다.

한발 더 나아가 "세상이 너무나 위험할 때는 쓸모없는 인간이 되라"는 장자의 말도 마음속에 잘 새겨야 한다. 이는 어려운 시기를 사는 훌륭한 방책이다. 쓸모가 있는 인간은 쓸모가 있기 때문에 고단한 삶을 산다. 더욱이 유능하면 그만큼 적이 많아져서 위험에 노출되며 분쟁에 말려들기 쉽다.

반면, 쓸모없는 인간은 누구도 거들떠보지 않아 장자처럼 자연

한발 물러나

세상을 관망하는 것은

현실 도피가 아니다.

현실을 관망하면서 힘을 비축해

일보 전진하기 위한 하나의 계책이다.

을 벗 삼아 유유자적할 수 있고, 누구도 적으로 생각하지 않아 그만큼 위험하지 않은 삶을 살 수 있다. 분쟁에서 벗어나 한가로움을 즐길 수 있는 건 두말할 나위가 없다.

뛰어난 경영인 중 젊은 나이에 안타깝게 세상을 떠난 이들은 모두 한가로움의 중요성을 몰랐기 때문이라고 해도 과언이 아니다. 일주일에 분쟁 없는 하루만 즐길 수 있어도 이런 불행은 피할 수 있다. 운명은 때로 쓸모가 많은 사람에게는 짧은 삶을 부여하고, 쓸모가 없는 사람에게는 오랜 삶을 부여하기도 한다. 그래서 장자는 "내가 잠시라도 쓸모가 있었다면, 이토록 오래 살 수 있었겠는가?"라고 반문하였다.

05
때론 술수를 쓰기도 해야 하는 것이 인생이다

꾸며서 사람을 속이기보다
서투를지라도 진심을 다하는 것이 좋다.
— 한비자韓非子

험난한 세상을 살아가기 위해서는 덕은 물론 힘도 길러야
한다. 힘이 없으면 바보가 되는 세상이다. 아무리 정의로운 법이
있어도 힘에서 밀리면 중용을 실천하기 어렵고 정의는 퇴색되고
만다. '유전무죄, 무전유죄'는 어제오늘의 상황이 아니다. 이것은
영구불변의 생물, 사회학적 법칙이다.

정의를 추구하는 법조차도 힘을 떠나서는 존재할 수 없다. 법 자
체도 힘 있는 자가 만드는 것이다. 단지 정당한 법을 통해 조금이

나마 억제되고 있을 뿐 여전히 곳곳에서 힘은 통용되고 있다. 그러므로 부당한 대우를 받지 않기 위해서는 무엇보다 힘을 키우는 것이 중요하다.

국가든 개인이든 어느 하나에 힘이 집중되면 문제가 된다. 정의가 무너지고 부정의가 세상을 지배하게 되는 것이다. 이런 때는 도덕을 지키는 것이 불가능해진다. 특정인은 권리만 있고 의무가 없다거나, 부자만이 활보하고 가난한 자들이 소외된다면 중용을 실천하기 어려워 부조리가 만연하는 세상이 된다.

법이 만들어진 것도 인간의 불의와 부정을 막기 위해서다. 그러나 인류 역사를 돌이켜보면 불행하게도 법보다 힘이 지배하는 시대가 더 많았다. 역사 속에서 정복자는 추앙을 받았지만, 피정복자는 노예로 살아야 했다. 지금도 예외는 아니다. 강대국은 힘을 앞세워 약한 나라를 쳐들어가 허수아비 정부를 세우고 자신의 통치하에 놓으려 한다. 볼테르가 말한 것처럼 전쟁은 도둑질이나 다름없다. 그럼에도 역사는 정복자를 위대한 인간이라고 칭송하니 아이러니하지 않을 수 없다.

이런 세상에서 힘이 없는 것은 죽은 목숨으로 지내는 것과 별반 다르지 않다. 사람들이 권력을 좋아하는 것도 결국 세상에서는 힘이 지배하기 때문이다. 힘이 있으면 자신의 생각을 관철하기도 쉽고 다른 사람을 자기 의지대로 움직일 수도 있다. 그래서 사람들은 서로 권력을 잡으려 애쓰며, 피비린내 나는 투쟁도 불사한다.

그렇다면 권력에 맞서 자신의 권리를 보호하기 위해 일반 시민이 할 수 있는 일은 무엇인가? 우선 선거를 통해 권력이 독점되는 것을 견제하고 독재자를 추방해야 한다. 힘이 하나에 집중되면 균형점이 무너지고 계층 간에 불협화음만 난무하게 된다. 독일의 역사학자 니부어Niebuhr가 말한 것처럼, 사회 정의와 중용의 덕은 힘의 균형이 전제되어야 한다. 힘이 있어야 부정의에 대항하여 균형점을 찾을 수 있다. 그래서 현명한 자라면 힘이 균형점을 찾도록 선거에 적극 참여해야 한다. 여당이 독주하면 선거를 통해 여당을 견제하고, 야당이 힘이 커지면 야당을 견제하여 정의가 실현될 수 있도록 노력해야 한다. 이는 개인이 자신의 행복을 위해 사회의 구조를 바꿔야 하는 중요한 임무이다.

　물론 자신이 지지한다고 해서 무조건 믿는 것도 금물이다. 아무리 선량한 사람도 권력의 맛을 알게 되면 마음대로 하고 싶고 걸림돌을 제거하고 싶은 독재 본능이 고개를 들게 마련이다. 어리석은 사람은 이러한 본능에 휘둘려 행동하지만, 현명한 사람은 정의를 생각하고 힘의 균형을 이루기 위해 자신이 지지하는 자가 있다고 하더라도 일방통행을 허용하지 않는다.

　또한 세상은 늘 정의가 지배하는 것은 아니기 때문에 착하기만 해서는 안 된다. 세상의 반은 선한 쪽에 있다면 세상의 반은 악한 쪽에 서 있다. 반이 악한 쪽에 서 있다면 선하게만 살 수는 없다. 선한 사람은 쉽게 속는데, 그것은 어리석기 때문이 아니라 마음이 선량하기 때문이다. 제1차 세계대전이 일어났을 때, 성자라는 간디마저도 인도의 자치와 독립을 약속한 영국의 간계에 넘어가 영국에 협조하는 어리석음을 범하지 않았던가. 간디는 너무나 순수해서 인간 속에 야수 같은 본능이 숨어 있다는 사실을 간과하였던 것이다.

이런 추악한 본능은 이기적인 욕심으로 가득 차 있어서 절대 손해를 보지 않으려 할 뿐만 아니라 다른 사람을 속이거나 권리를 침해해서라도 자신의 욕심을 채우려 한다. 악한 사람이 선한 사람을 이용하고 공격하는 것도 이런 속성 때문이다. 이 때문에 착한 사람보다 악한 사람이 잘사는 경우가 많다. 그래서 무슨 일이 잘못되었을 때는 그 일로 인해 누가 이익을 얻는지를 잘 살펴야 한다. 그래야 악인들의 간계에서 벗어날 수 있다. 한비자는 "도를 터득한 사람이 중용되지 못하는 이유는 도를 터득한 선비가 임금에게 아뢰려 해도, 측근에 있는 대신이 사나운 개처럼 달려들어 물어뜯고 임금의 귀를 가리기 때문이다"라고 하였다.

이런 세상의 이치를 알지 못하고 선량하기만 하여 다른 사람에게 양보하면 착한 사람은 더욱 악한 사람으로부터 공격을 받게 된다. 악한 사람이 공격해 오는데도 양보와 배려로 대하면 오히려 자신이 파멸당할 수 있다. 자신과 자신이 몸담은 사회의 자유와 행복을 위해서는 때로는 도덕과 진리를 과감히 버려야 한다. 그러므로 선한 사람도 힘이 있을 때는 '이에는 이'로 맞서 사악한 의지를 꺾어야 하며, 힘이 없을 때는 수단을 동원해서라도 자신을 지켜야 한

사회 정의와 중용의 덕은
힘의 균형이 전제되어야 한다.
힘이 있어야
부정의에 대항하여
균형점을 찾을 수 있다.
그래서
힘이 균형점을 찾는 데
힘써야 한다.

다. 처음에 비폭력을 주장한 만델라도 백인의 무자비한 폭력에 대응하기 위해 힘으로 맞서야 한다고 주장하지 않았던가. 만델라는 다음과 같이 말했다.

"이제까지 백인 정부는 우리의 온유함을 약점으로 삼아 왔습니다. 그러나 우리는 굴복하지 않을 것입니다. 이제 이용 가능한 모든 수단을 동원해 우리 민족, 우리 미래, 우리 자유를 쟁취하는 것 외에는 다른 선택의 여지가 없습니다. 나는 승리의 그날까지 여러분과 나란히 서서 차근차근 정부에 대항해 투쟁할 것입니다. 내 생애 마지막 날까지 여러분과 함께 평화를 위해 투쟁할 것입니다."

세상의 반쪽은 힘과 부정의가 지배하고 있다는 사실을 잊으면 안 된다. 선한 사람이 승리하기보다는 간사하고 파렴치한 자들이 승리하는 경우가 적지 않은 이유 또한 세상의 반을 힘과 부정의가 지배하고 있기 때문이다. 간사한 자들은 뒤통수를 때리거나 약점을 노리기 때문에 선한 의지를 가지고 정정당당하게 행동하는 사람보다 승리할 확률이 높다. 아무리 사악한 의지를 품고 있는 자라도 승리자가 되는 순간 영웅이 되지만, 패배자는 정의를 품고 있어도 패자로 기억될 뿐이다. 마키아벨리는 "사악한 의지를 추방하기 위해서는 때로는 사자의 가죽을 쓰기도 하고 여우의 털을 뒤집어쓸 줄 알아야 한다"라고 힘주어 말했다.

어쨌든 승리하는 것이 중요하다. 승리야말로 자기 자신을 보전하는 방법이다. 패배는 처참한 것이다. 변명해도 소용없으며 죽은 자는 말이 없다. 송나라 양공은 전쟁에서 도의만 내세우다가 자신의 목숨까지 잃은 어리석은 군주였다. 양공은 도의가 자신의 목숨을 위태롭게 한다면 그저 체면치레에 불과하다는 사실을 간과했다. 일단 도의를 떠나서 힘에는 힘으로 맞서거나 술수를 써서라도 자신과 자기를 따르는 부하의 목숨을 건졌어야 했다. 손자도 "전쟁이란 속이는 도이다"라고 하였다.

때론 승리는 수단을 정당화한다. 그러므로 정의롭지 못한 부조리한 사회에서 수단의 정당성만 논하는 것은 어리석은 일이다. 술수를 써서라도 불행을 몰고 오는 사악한 집단에 강력히 맞서 그들의 사악한 의지를 잠재우는 것이 무엇보다 중요하다. 그래서 그라시안은 "힘으로 되지 않을 때는 수완을 발휘하고, 이 길이 아니면 저 길로, 용기의 대로로 갈 수 없으면 술수의 샛길로 빠져라"고 하였다.

하지만 술수를 남용하는 교활하고 약삭빠른 인간이 돼서는 안 된다. 승리가 항상 부조리한 행동을 정당화해 주는 것은 아니다. 교활함이 만천하에 드러나면 결국 불신을 초래하고 때로는 상대를 복수심에 불타게 한다. 일단 경쟁을 하더라도 정정당당하게 맞서는 태도를 원칙으로 삼아야 한다. 비열한 방법을 써서 승리하는 것은 불명예스러운 일이며 패배한 것과 다를 바 없다. 그래서 최후의 카드가 아니면 부정한 방법은 사용하지 말아야 한다. 중용의 도는 최악의 상황이 아니면 항상 극단을 피하는 것이다.

o6

불행할 때는 행복을 떠올려라

행복한 때는 불행을, 우애에는 반목을,
갠 날에는 흐린 날을, 사랑에는 증오를,
신뢰와 흉금의 토로에는 배신과 회한을 반드시 머릿속에 그려 보아야 한다.
이것이 지혜의 진수를 터득하는 방법이다.

— 쇼펜하우어Schopenhauer

노자가 강조한 것처럼, 세상에서 영원히 변하지 않는 유일한
진리는 '모든 것은 변한다'는 사실뿐이다. 모든 것은 영속적이지
않다. 갠 날이 있으면 흐린 날도 있고, 사랑할 때가 있으면 증오할
때도 있다. 행복한 때가 있는가 하면, 불행한 때가 있다. 그래서 노
자는 "아! 지금 나에게 찾아온 재앙이여! 그 속에 행복이 깃들어
있구나. 아! 나에게 찾아온 행복이여! 그 속에 재앙이 엎드려 있구
나. 세상은 그 끝을 알 수 없고 정답도 알 수 없구나"라고 하였다.

행복이 가득할 때 불행이 다가올 수도 있다. 그래서 행복할 때는 불행을 대비해야 한다. 그런데 불행히도 우리는 행복할 때는 이런 사실을 망각하게 된다. 게다가 행복에 겨워 사소한 것에 신경을 쓰지 못해 차츰 빈틈이 생기기 시작한다. 이처럼 불행은 안일한 자세와 작은 구멍에서 오는 법이다. 그러므로 불행을 대비하기 위해서는 사소한 것도 소홀히 다루지 말아야 하며 행복으로 인한 모든 즐거움을 낭비하지 말고 아껴야 한다. 영원히 행복할 것처럼 생각하여 즐거움만을 만끽하게 되면 행복은 어느새 자취를 감추고 만다. 행복에 겨워 주변도 돌아보지 않으며 살다 보면 우정 어린 친구조차 시기하고 질투하며 결국 떠나가 버린다. 그래서 행복할 때는 불행을 항상 염두에 두고 저축하듯이 행복을 축적해 놓아야 한다.

반대로 불행하다고 하여 행복이 오지 않을 거라고 낙담해서는 안 된다. 불행이 차고 넘치다 보면 어느 순간 불행은 행복의 옷으로 갈아입기 마련이다. 불행할 때에는 아무리 노력해도 행운은 따르지 않고 번번이 실패의 쓴맛을 보게 되는 것처럼 느껴지겠지만 역경이 지나가면 그 후로는 인생은 순풍을 타게 된다. 불행이라 생각했던 일이 행운을 불러오는 경우도 얼마든지 있다. 그래서 최악의 상황에 놓여 있다 해도 희망의 끈을 놓지 않고 행복을 맞을 준비를 게을리해서는 안 된다. 배고프면 먹을 것을 얻고, 고달프면 편안함을 얻을 방법을 생각해야 한다. 절망의 몸부림 속에서도 희망의 등불을 본다면 반드시 행복의 여신이 미소를 짓는다. 쇼펜하

절망의 몸부림 속에서도
희망의 등불을 본다면
반드시
행복의 여신이
미소를 짓는다.

우어는 "무슨 일이 일어나더라도 결코 지나친 환희나 비통에 빠져서는 안 된다"라고 충고하였다.

행복할 때는 불행할 때를 생각하고 불행할 때는 행복할 때를 생각해야 하듯이, 젊어서는 기분을 억제하고 나이가 들수록 발산하도록 노력해야 한다. 젊어서는 얼마든지 짜릿한 행복을 누릴 수 있다고 생각하여 마음이 들뜨기 쉽다. 반면, 나이가 들어서는 행복을 그리 쉽게 누릴 수 있는 것이 아니라고 여기고 마음을 가라앉히려고 한다. 그래서 젊었을 때는 기분이 들떠 객기를 부리고 싶고, 나이가 들었을 때는 몸과 마음을 움츠리기 쉽다.

그러나 이런 행동은 중용의 도에 어긋난다. 그래서 자신의 몸과 마음을 온전하게 보전하기 위해서는 젊을 때 열정을 가라앉히고 들뜬 감정을 절제하여 무한한 발전 가능성을 위해 정진해야 한다. 젊어서는 인생이 긴 여행처럼 느껴질지 모르지만 지나고 나면 일순간인 것처럼 생각된다. 그러므로 젊음으로 열정이 솟구칠 때 용광로와 같은 정열을 다독거려 잠재워야 한다.

반면, 나이가 들었을 때는 기분을 발산할 수 있어야 한다. 나이가 들면 지나온 세월에 대한 아쉬움 때문에 정열은 식고, 삶의 즐거움은 그다지 느껴지지 않기 마련이다. 노년에는 지금까지 살아온 과거가 일장춘몽처럼 느껴져 허무한 감정이 엄습하여 삶의 의지가 꺾이기도 한다. 그래서 노년은 움츠리며 희망을 놓는 것이다.

노년에 이런 감정들을 없애고 삶의 즐거움을 찾기 위해서는 자신의 감정을 억제하기보다는 오히려 움츠러든 감정을 발산하려고 노력해야 한다. 먹고사는 데 급급해 누려 보지 못한 즐거움에 과감히 도전하는 것이 여생을 보람 있게 보내는 방법이다. 그래서 인생 전체를 놓고 볼 때 균형 있는 삶을 살도록 해야 한다.

장수의 비결도 바로 여기에 있다. 자신을 위해 무언가를 할 수 있다면 건강한 삶을 살 수 있다. 그러므로 나이가 들었다고 일을 놓을 것이 아니라 희망의 끈을 놓지 않고 무언가를 해 보려고 노력해야 한다. 그동안 바빠서 하지 못했던 것을 찾아 하나하나 해 보는 것이다. 이를 통해 인생의 의미를 찾고 삶의 희망을 싹틔울 수 있다.

가만히 앉아 놀고먹으면 결국 권태에 빠져들어 죽음의 그림자를 보게 될 뿐이다. 그렇다고 탐욕스럽게 객기 부리는 노인은 되지 말아야 한다. 십대처럼 행동하는 노인들은 부끄러워하기는커녕 자신의 추한 욕망을 만족하기 위해 온갖 추태를 부리는 것을 자랑으로 여긴다. 공자는 "군자가 경계해야 할 것이 셋 있으니, 젊어서는 혈기가 안정되어 있지 않으므로 여색을 경계해야 하고, 장년기가 되어서는 바야흐로 혈기가 왕성하므로 싸움을 경계해야 하고, 노년기에 이르러서는 이미 혈기가 쇠퇴하므로 탐욕을 경계해야 한다"라고 하였다.

'진정한 의미의 청춘'이란 객기를 부리는 것이 아니다. 나이도 문제가 되지 않는다. 비록 스무 살이라 해도 희망과 용기, 패기가 없다면 노인이나 다름없지만, 희망을 품고 높은 고지에 오르려 하는 사람은 여든 살이라 하더라도 영원한 청춘의 소유자라 할 수 있다. 비록 화려하지 않더라도 지금까지 쌓은 연륜을 바탕으로 자신의 노후를 설계하여 남은 삶을 아름답게 수놓도록 노력해야 한다.

　노년에는 모든 것이 쇠퇴하기 마련이다. 이는 슬픈 일이기는 하지만, 그렇다고 슬퍼만 할 것도 아니다. 늙어 가는 것은 죽음에 대한 일종의 신호탄이다. 노년은 노쇠해 가는 자신의 모습을 보면서 편안한 죽음을 맞이할 수 있도록 만반의 준비를 해야 하는 준비 기간이기도 하다. 죽음을 피하려고 한다거나 죽음 앞에 절망하는 것은 스스로 자신의 생명을 단축할 뿐이다. 죽음을 기꺼이 준비하는 사람이야말로 인생을 보람되고 뜻있게 사는 사람이다.

07
미덕으로 행복의 문을 열어라

덕이 없이 진정 위대한 사람은 없다.

－벤저민 프랭클린Benjamin Franklin

행복하기 위해서는 돈을 맹신하지 말아야 한다. 돈은 생존의 도구이며 더 나아가 자신의 가치를 실현하는 도구이다. 그래서 사람들은 돈을 추구한다. 이는 매우 당연한 일이다. 돈이 있으면 든든한 요새에 서 있는 것 같지만, 돈이 없으면 폐허 속에 던져진 것만 같으니 말이다. 사람들은 누군가 돈이 있으면 덕을 보기 위해 달려들다가도 그가 가난해지면 쳐다보지도 않는다. 그래서 돈은 생존을 위해서든 생활을 위해서든 살아가는 데 있어 반드시 있어야 한다.

그런데 언제부터인가 돈은 필요한 존재를 넘어 절대적인 존재가
되어 버렸다. 사람들이 돈을 맹종하기 시작한 것이다. 직업 역시
자신의 꿈을 실현하는 수단이 아니라 돈벌이 수단으로 전락하였
다. 변호사는 정의의 가면을 쓰고, 의사는 생명을 구한다는 가면을
쓰고, 목사는 신의 전도사라는 가면을 쓰고 돈벌이에 전전긍긍한
다. 상인들의 친절 속에도, 자선 사업의 베일 속에도 남모를 목적
이 들어 있다. 그래서 쇼펜하우어는 "의사의 눈에는 병자만 보이
고, 법률가의 눈에는 악만 보이고, 신학자 눈에는 죄악만 보인다"
라고 하였다.

이 말은 사람들이 얼마나 돈을 맹신하는지를 보여 준다. 사람들
은 돈이야말로 참으로 소중한 것이며 돈을 손에 많이 넣는 것만이
최고의 행복에 도달하는 길이라는 생각을 가지고 있다. 그래서 정
신적인 만족을 줄 수 있는 고결한 사람보다도 천박해도 돈을 많이
가지고 있는 사람을 높이 평가한다.

그러나 돈을 맹신하는 것은 어리석은 행동이다. 돈은 자신의 가
치를 실현하기 위해 있는 것이지 그 자체가 목적이 될 수는 없다.
그래서 돈이 전부라고 생각하면 사람들로부터 버림받는 고통을 감
수해야 한다. 인품 있는 사람들은 돈만 아는 사람에게 다가오지 않
는다. 오히려 그런 사람을 경멸한다. 카네기는 "모으기만 하고 쓰
지 않는 돈은 썩은 고기처럼 악취가 난다. 돈을 남겨 두고 죽는 것

은 매우 부끄러운 일이다"라고 하였다.

　너무 많은 것을 소유하지 않는 것이 자신을 위해서도 좋다. 물론 소유에 따른 즐거움도 있지만, 그것에 비례하여 고민이 많아진다. 돈을 빌려 주면 받지 못할 수도 있는 위험성이 따르고, 빌려 주지 않으면 인색하다는 평가를 받게 된다.

　진정한 부자는 많은 것을 소유한 사람이 아니라 그것을 잘 쓰고 가는 사람이다. 많은 돈을 보관하고 있는 사람이 아니라 그것을 사용함으로써 만족할 줄 알며 다른 사람에게도 나누어 줄 줄 아는 넉넉한 사람이 진정한 부자이다. 돈만 쌓아 놓고 자신과 다른 사람에게 쓰지 않는 사람이 가장 가난하고 어리석다. 그래서 카네기는 "부자가 된 사람은 그 돈이 다시 유용하게 쓰일 수 있도록 다른 사람에게 다시 나누어 주어야 한다"라고 하였다.

　가난하다고 해도 부끄러워할 필요는 없다. 가난은 죄가 아니다. 그렇다고 가난이 자랑도 아니다. 돈이 없으면 생존의 위협을 받으며 더 나아가 자신이 하고 싶은 것을 할 수 없다. 그래서 사람들은 재테크를 하여 돈을 모으고 재력을 쌓아 자신이 하고자 하는 일을 하려고 한다.

　그런데 문제는 사람들이 가난하다는 이유로 비굴해진다는 점이다. 권력자에게 굽실거리며, 권력자의 유치한 글도 대걸작이라고 찬양하며 교활하게 살아가는 사람들이 있다.

　또한 가난이 문제가 되는 것은 남의 자비로 놀고먹으려 하거나

304
305

가난을 핑계 삼아 범죄자로 전락하는 경우가 있다는 것이다. 그래서 노력하지 않는 사람에게 가난을 이유로 값싼 동정을 해서는 안 된다. 동정은 이런 사람들을 더욱 나태하게 한다. 스스로 살려고 노력하지 않는 자에게는 절대 자비를 베풀어서는 안 된다. 진정 가난을 극복하고자 노력하는 사람에게 물질적으로 정신적으로 도와주는 것이 진정한 도움이다.

가난은 인간으로 하여금 어려움을 돌파하고 강하게 달구는 동력으로 작용하기도 하므로 가난하다고 낙심할 필요는 없다. 공자가 "선비가 도를 구하기로 뜻을 세우고도 남루한 옷과 거친 음식을 부끄러워한다면 그런 자와 얘기할 가치도 없다"라고 한 것도 가난이 죄가 아니라는 의미이다. 가난한 사람은 강한 정신력으로 무장하여 남들이 감히 할 수 없는 일과 남이 번거롭게 생각하는 일을 마다하지 않고, 생명이 위험한 일도 마다하지 않는다. 이렇듯 가난이 큰 뜻을 이루게 하고 경제적 풍요까지 가져다주기도 한다. 그러므로 가난을 부끄러워할 필요가 없다. 홍자성은 "가난한 집도 깨끗하게 쓸고 닦으면 나름대로 소박한 멋이 있다"라고 하였다. 또한 가난을 이겨내는 과정에서 강철도 뚫을 수 있는 삶의 지혜와 강인한 의지를 얻는다고 하였다. 부끄러워할 것은 가난이 아니라 가난을 핑계 삼아 신세타령만 일삼는 나약함이다.

청나라 황제 강희제는 자식들에게 부드럽지 않은 고기를 먹도록 했는데, 이는 험한 환경 속에서 단련하게 해 자식을 강하게 키우기

말과 행동은 생각의 열매다.
생각이 지혜로우면
말과 행동도 좋은 결실을 가져온다.
그러나 생각과 말이 아무리 훌륭하다 해도
의지가 부족하면
그것을 실천하기가 어렵다.
그래서 행동으로 옮기는 것이
무엇보다 중요하다.

위해서였다. 《탈무드》에서도 "가난한 이들이 칭송받는 것은 그들이 우리에게 삶의 지혜를 주기 때문이다"라고 하였다. 그러므로 한때 궁색하다고 하여 미래를 포기하는 것은 어리석다. 다시 한 번 강조하지만 가난하다고 부끄러워할 필요는 없다. 돈을 떠나서 자신이 가고자 하는 길을 가면 된다. 공자는 "부라는 것을 만일 구할 수 있다면 내 비록 마부 노릇이라도 하겠지만, 억지로 구할 수 없는 것이라면 내가 하고자 하는 바를 따르겠다"라고 하였다.

진정 행복한 사람이 되려면 돈보다는 사람들로부터 인정과 존경을 받는 사람이 되어야 한다. 그러기 위해서는 먼저 매력 있는 사람이 되려고 힘써야 한다. 매력이 있으면 사람들이 몰려들지만, 반대로 매력이 없으면 사람들은 떠나간다. 매력 있는 사람이 되려면 항상 웃으면서 불평불만을 늘어놓지 말아야 한다. 늘 웃으며 불평불만 없이 대하면 사람들이 다가온다.

또한 매력 있는 사람이 되려면 자신의 이득에 민감하지 않으면서도 결단력이 있어야 한다. 어떤 일을 할 때 솔선수범하고 어려운 일은 자신이 처리하는 것이다. 이런 사람은 언제나 만족할 줄 알고 자신을 스스로 통제하며 과감히 결단하여 어려움을 뚫고 나간다. 반면, 무엇에도 만족할 줄 모르고 이익에 민감하여 다투기를 좋아한다면 사람들은 그 사람과 사귀는 것을 꺼릴 것이다. 더욱이 항상 무슨 일을 하든 망설인다면 누구도 그 사람과 가까이하기를 싫어할 것이다.

진정 행복한 사람이 되고자 한다면 존경받는 자가 되려고 노력해야 한다. 사람으로부터 존경받는 것은 인간의 행복 중 가장 커다란 행복이다. 중용을 실천하는 사람이 되려면 말과 행동이 보통 사람과는 달라야 한다. 평상시 훌륭한 말을 하고 존경받을 만한 일을 해야 한다. 이런 말과 행동은 그 사람의 고귀함을 보여 주는 것이다. 반면, 말과 행동이 거친 사람은 사람들에게 혐오스러움만 줄 뿐이다.

말과 행동은 생각의 열매다. 생각이 지혜로우면 말과 행동도 좋은 결실을 가져온다. 그러나 생각과 말이 아무리 훌륭하다 해도 의지가 부족하면 그것을 실천하기가 어렵다. 존경받고자 한다면 행동으로 옮길 줄 알아야 한다. 인생은 단순히 말의 장식품이 아니라 바로 행동의 집합체다. 그러므로 다른 사람으로부터 존경받으려면 훌륭한 말을 행동으로 옮겨 존경받을 만한 일을 해야 한다.

그리고 존경받는 사람이 되려면 세상의 빛과 소금이 되려고 노력해야 한다. 사람들은 자신이 꼭 필요한 사람이고 중요한 일을 하는 것처럼 말하여 자신의 능력을 그럴싸하게 채색하는 버릇이 있다. 그러나 실상이 밝혀지면 조롱거리가 될 뿐이다. 비록 어떤 사람이 훌륭한 사람이라 할지라도 그 사람이 없어도 세상은 잘 돌아가기 마련이다. 진정 세상의 빛과 소금이 되기 위해서는 자신의 직무에 대해 탁월한 능력이 있어야 할 뿐만 아니라 그 직위에 걸맞은 덕망 있는 태도도 갖추어야 한다.

설령 자신의 장점이 뛰어나다고 해도 자신의 장점을 과시해서도 안 되고 오로지 행동에 전념해야 한다. 그것에 대한 평가는 자신이 아니라 남들이 내려주는 것이다. 스스로 필요하고 중요한 인물이라고 말하지 말고 다른 사람이 자신을 반드시 필요하고 중요한 인물이라고 평가하도록 해야 한다. 그러면 사람들은 경외감을 느껴 그 사람을 없어서는 안 될 중요한 인물이라고 생각할 것이다. 사람들에게서 경외감을 불러일으키는 사람이야말로 우리가 우러러볼 만한 사람이라 할 수 있다. 이런 사람은 정의를 실천하면서도 행복한 삶을 산 사람이다.

그라시안은 다음과 같은 충고 어린 말을 했다.

"성인군자가 돼라. 이것으로 모든 얘기는 다한 셈이다. 미덕은 모든 완벽함을 묶어 주는 끈이며 행복의 중심이다. 미덕은 인간을 이성적이고 신중하고 지혜롭고 분별력 있게 하며, 현명하고 용기 있고 사려 깊고 정직하고 행복하게 만들고, 다른 이의 호감을 사고 진실 되게 하여 그를 모든 점에서 영웅답게 해 준다. 세 가지의 것이 우리를 행복하게 만든다. 그것은 성스러움과 건강함 그리고 지혜이다. 미덕만큼 가치 있는 것도 없고 악덕만큼 혐오해야 할 것도 없다. 미덕만이 진지한 것이고 다른 모든 것은 헛된 것이다. 미덕만 있으면 그것으로 족하다. 미덕을 지닌 사람은 살아 있는 동안 사랑을 받으며 죽은 후에는 사람들의 기억 속에 남는다."

인생의 절반에서 행복의 길을 묻다

황상규 지음

발 행 일　초판 1쇄　2012년 7월 20일
　　　　　초판 4쇄　2014년 1월 19일
발 행 처　평단문화사
발 행 인　최석두

등록번호　제1-765호 / 등록일　1988년 7월 6일
주　　　소　서울시 마포구 서교동 480-9 에이스빌딩 3층
전화번호　(02)325-8144(代)　FAX (02)325-8143
이 메 일　pyongdan@hanmail.net
I S B N　978-89-7343-367-4　(03320)

이 도서의 국립중앙도서관 출판시도서목록(CIP)은 e-CIP 홈페이지(http://www.nl.go.kr/ecip)와
국가자료공동목록시스템(http://www.nl.go.kr/kolisnet)에서 이용하실 수 있습니다.
(CIP제어번호: CIP2012002718)

저희는 매출액의 2%를 불우이웃돕기에 사용하고 있습니다.